SKY로 통하는 학생부종합전형

초판 1쇄 발행   2017년 07월 05일

글쓴이   박영국 외 3인

펴낸이   김왕기
주 간   맹한승
편집부   위서화, 이민형, 김만늘
마케팅   임동건
디자인   푸른영토 디자인실

펴낸곳   **(주)푸른영토**
주소   경기도 고양시 일산동구 장항동 865 코오롱레이크폴리스1차 A동 908호
전화   (대표)031-925-2327, 070-7477-0386~9   팩스 | 031-925-2328
등록번호   제2005-24호(2005년 4월 15일)
전자우편   designkwk@me.com

ISBN 979-11-88292-20-2   13370

SKY로 통하는
학 생 부
종합전형

SKY로 통하는
학 생 부 종합전형

박영국 · 박영식 · 김민화 · 이은화 공저

푸른영토

4차 산업혁명 시대의 대표 대입 전형,
학생부종합전형의 합격을 기원하며

지금은 4차 산업혁명의 시대이다. 2016년 스위스 다보스 포럼의 주제가 바로 '4차 산업혁명의 이해'였다. 간단하게 요약하자면, 4차 산업혁명이란 ICT 신기술이 전통적인 제조업과 융합하여 기존의 생산효율이 비약적으로 개선되는 시대이다.

지난 2016년에 인공지능 알파고가 이세돌 9단을 이기고, 올해는 중국의 커제 9단을 넘어섰다. 사실상 기계가 인간의 지능을 넘어서는 충격적이고도, 긴장되는 시대가 된 것이다. 뿐만 아니라, 전기차 메이커를 대표하는 테슬라의 시가 총액이 100년이 넘는 전통적인 휘발유 자동차 시대를 상징하는 포드와 GM을 넘어섰다. 이제 화석에너지가 아닌 전기에너지 자동차가 시대의 새로운 막을 열게 되었다. 이렇게 4차 산업혁명은 우리가 모르는 사이에 삶의 지형을 급격하게 바꾸어 놓고 있다.

이러한 속도로 4차 산업혁명이 진행된다면 미래학자들은 향후 10년 안에 현재 존재하는 일자리의 70%가 사라지며 그 자리에 새로운 형태의 일자리가 생겨난다고 전망한다.

현재 우리의 교육은 이렇게 급변하는 시대를 제대로 대비하고 있는지 신중하게 생각해볼 필요가 있다. 우리나라의 교육 평가 제도, 특히 수능과 내신의 상대 평가 제도는 전 세계 어느 나라에서도 그 유래를 찾아보기 어려운 줄 세우기식 교육 평가 제도이다. 아무리 열심히 해서 성적이 상승하고 학업 역량이 좋아졌다 할지라도, 상대 학생이 자신보다 높은 성적을 받게 된다면 본인은 좋은 성적을 받을 수 없다는 근본적인 문제가 많은 평가 방식이다.

다행이도 새롭게 출발하는 문재인 정부에서는 현재 중3 학생부터 수능 절대 평가와 내신 성적 절대 평가 제도를 도입하는 것에 대해 매우 긍정적인 관점으로 검토하고 있다. 물론 올해 7월 2021학년도 대입전형계획에 대해 확정된 안이 발표되겠지만, 현재 수능과 내신 모두 절대 평가로 전환하는 계획에 대해서는 학교, 학생, 학부모, 대학 모두 찬성하는 의견이 절대적이라고 할 수 있다.

현재 교육은 국·영·수를 중심으로 한 정시와 교과 내신 중심이다. 향후 수능과 내신 성적이 모두 절대 평가 방식으로 변경된다면 현재 4% 이내의 학생만이 받을 수 있었던 1등급은 90점 이상의 학생이면 누구나 받을 수 있을 것이다. 절대 평가 방식으로 전환된 이후에는 전체 수험생의 10~20% 정도가 수능과 내신 성적에서 1등급을 받을 수 있다. 이렇게 된다면 사실상 수도권 대학에서는 수능과 내신만으로 학생을 선발하는 정시의 변별력은 거의 상실되기 때문에 정시는 거의 폐지 혹은 자격고사 정도로 변화될 것이다. 수도권 대학에 진학하는 대부분의 학생의 내신 성적도 1등급이 될 것이므로 기존의 내신 성적에 대한 평가보다는 학생기록부의 비교과 활동의 평가 비중이 지금과는 비교할 수 없을 만큼 중요해질 것이다.

이러한 트렌드가 가속화된다면 현재 74%의 수시의 비중은 향후 80~90% 이상으로 증가하고 정시는 10~20% 이하로 감소될 것으로 전망된다. 새로운 정부에서는 수시의 4가지 전형 중에서 논술과 특기자전형을 폐지한다는 입장을 밝혀왔기 때문에 학생부종합전형이 현재보다도 더욱 확대될 것으로 전망된다.

4차 산업혁명 시대에 있어서 우리 교육의 프레임은 지금까지 많은 변화를 해왔고 앞으로도 지속적으로 변화를 해나갈 것이다. 정시의 시대가 지나고 이제 학생부종합전형의 시대가 왔다. 나의 또는 우리 자녀의 학생기록부에 대한 정확한 진단과 개선 방향 전략이 필요하다.

이 책에서 희망 전공 분야별로 실제적인 사례를 들면서 매우 상세하게 기재하였다. 잘 참고하여 4차 산업혁명 시대의 대표 대입 전형인 학생부종합전형에서 반드시 성공하기를 기원한다.

2017년 5월 대치동 미래비전컨설팅 원장

박영국

4차 산업혁명 시대를 준비한 학생부종합전형

'개천에서 용난다'라는 말이 있습니다. 과거에는 혼자서 열심히 공부만 하면 성공할 기회가 많았지만 요즘은 이 말이 잘 적용되지 않을 것 같습니다.

오늘날은 사회적 환경이 복잡해지고 신속하게 변화함에 따라 입시제도도 수시로 바뀌고 있습니다. 수험생 혼자만의 노력으로 감당하기에는 어려움이 많아졌습니다. 효율적인 방법을 위해 학부모, 학교, 진학전문가가 함께 노력해야 할 때입니다.

우리의 눈앞에는 인공지능과 로봇공학 등이 주도하는 제4차 산업혁명이 전개되고 있습니다. 이에 발맞추어 새 정부는 현재 중3학년부터 수능과 내신 성적을 모두 절대평가 방식으로 바꾸었습니다. 대입 전형 유형도 내신, 학생부종합, 수능 전형으로 단순화시켰습니다. 학생부종합전형 선발 인원도 증가시킬 전망입니다.

이 책은 지금의 입시는 물론 변화된 사회와 입시체제에서 성공하기 위해 전문가들의 경험과 통찰이 잘 녹아들은 지침서입니다. 학생 본인은 물론 학부모, 학교 내외의 입시전문가들에게도 크게 도움이 되는 내용들로 구성되어 있습니다.

첫째, 이 책은 점수 위주의 일류대 합격만을 위한 지침서가 아닙니다. 시대상과 입시트렌드 및 진로·진학 등을 사회철학적으로 연관시켜 학생들에게 비전을 제시하고 있습니다.

둘째, 학생부전형에서 가점이 될 수 있는 팩트(facts) 즉 학교생활기록부 관리 방법, 교과 및 비교과 관리 방법 등을 구체적으로 제시하고 있습니다.

셋째, 무조건 공부를 열심히 하라는 것이 아니라 학력경시대회, 소논문 작성 등을 통해 공부의 본래 목적인 지적 호기심도 자극하고 있습니다.

이렇게 훌륭한 「SKY로 통하는 학생부종합전형」을 참고하여 모든 수험생들이 원하는 대학과 학과에 합격하기를 기원합니다.

권순한
전 현대고 교장, 전 한림대 의대 입학사정관

학생부종합전형, 지피지기면 백전백승!

우리나라의 현행 대학입시는 크게 수시와 정시로 나눕니다. 수시에는 학생부위주전형과 논술위주전형 그리고 실기(특기)위주전형이 있습니다. 학생부위주전형에는 교과를 전형요소로 하는 학생부교과전형과 비교과·교과·면접 등을 전형요소로 평가하는 학생부종합전형이 있습니다.

2018학년도에는 수시전형이 73.7%, 정시전형이 26.3%으로 수시가 대세입니다. 수시전형 가운데서는 학생부교과전형이 40%, 학생부종합전형이 23.7%입니다. 서울에 있는 상위 15개 대학의 학생부종합전형 비율이 61%가 넘는 것을 보면 학생부종합전형이 강세라고 할 수 있습니다. 학생부종합전형을 조금 더 살펴볼까요?

우리나라의 대학교육협의회는 학생부종합전형을 이렇게 정의하고 있습니다. 고등학교 교육과정, 대입전형 전문가인 입학사정관이

학교생활기록부를 중심으로 교과발달 사항, 비교과활동 사항, 자기소개서, 면접 등을 통해 종합적으로 평가하는 전형을 말합니다. 대학 및 모집단위 특성에 맞게 학생을 종합적으로 평가하므로 평가관의 마음을 잘 알아야 합니다. 입학사정관은 고등학교의 자료를 읽고 해석하는 데 질적평가와 맥락적 평가의 관점을 가진 가치판단의 전문가들이거든요.

자신의 꿈을 찾아가는 학생 여러분, 그렇다면 학생부종합전형을 어떻게 준비해야 할까요? 지피지기면 백전백승이라 했으니 먼저 학생부종합전형의 개념과 원리를 알아야 하겠지요. 그리고는 실천해나가야 할 것입니다. 이 책은 4차 산업혁명시대를 살아가는 우리 학생들과 학부모가 알아야 할 입시트렌드, 진로, 생활기록부, 자기소개서, 비교과활동, 교내대회, 코딩, 소프트웨어 특기자전형 등을 설명하고 있습니다. 복잡하고 다양한 내용을 사례를 들어가며 전해주기 때문에 이해하기가 쉽습니다.

대입을 준비하는 학생과 학부모에게 좋은 길잡이가 될 책입니다. 특히 이과, 문과 등 각 분야별 대입 전문가들이 자신들의 컨설팅 경험과 사례를 세밀하게 전달하였습니다. 「SKY로 통하는 학생부종합전형」을 통해 집필한 저자들의 마음을 잘 읽을 수 있을 것입니다.

대학입시의 귀한 경험을 공유하여 자신이 원하는 대학으로의 진학이 성취되기를 간절히 바랍니다.

정남환 교수

교육학 박사, 초대 전국 입학담당관협의회장, 입학사정관

학부모와 학생들을 위한 최고의 입시정보 책!

저는 네이버 대표 입시 커뮤니티 [학생부종합전형 이야기(이하 학종이)] 매니저입니다. 작년 중순 무렵, 입시를 공부하던 저는 학종이 멘토 선생님들을 뵙고 많은 정보를 나누었습니다. 그때 학생부종합에 대한 다양한 이야기를 나눌 수 있는 온라인 공간이 필요하다고 생각했습니다. 같은 생각과 고민을 가진 학부모님들도 많을 것이라 여겨 네이버 카페를 개설했고 대입에 대한 정보 공유와 전문 멘토 선생님들의 글을 공유하게 되었습니다.

학종이 카페는 현재 전국의 학부모님들이 교육이라는 주제로 활동하고 계십니다. 앞으로도 더 많은 분들이 학생부종합전형을 준비하기 위해 활동하실 것입니다.

이 책은 학종이 멘토로 활동하고 대치동에서 대학입시 컨설팅을 하시는 미래비전컨설팅 선생님들이 직접 집필하신 책입니다. 그래서 학생부종합전형과 대입의 패러다임 변화와 그에 걸맞은 준비를 하실 수 있다고 자신합니다. 현재의 입시는 저를 포함한 학부모님들의 학창 시절과는 판이하게 다릅니다. 책을 읽으시는 지금이 바로 그 준비의 시작이라고 말씀드리고 싶습니다. 책에서는 입시와 4차 산업혁명을 함께 어우르고 있기 때문에 자녀의 큰 그림부터 세부적인 생활기록부 관리 방법까지도 확인하실 수 있습니다.

수능의 중요도는 점점 낮아지고 있습니다. 앞으로도 수능 절대평가 등으로 변별력을 더욱 상실할 것입니다. 현재 입시의 방향과 미래에 대해 고민하고 계시다면 이 책이 많은 도움이 될 것입니다. 자녀분의 더 나은 미래설계를 위해 할 수 있는 일이 무엇인지 확인하세요.

꼭 자녀분과 함께 읽어보시기를 권합니다.

이 책은 입시를 앞둔 자녀분을 위한 최적의 솔루션이 될 것이라 자부합니다.

임연두

네이버 대표 입시카페 학생부종합전형이야기 매니저

CONTENTS

CHAPTER 1 미래 진로를 고려한 학생부종합으로의 입시 트렌드 변화

CHAPTER 2 진로가 두 번째도 아닌, 첫 번째로 중요한 이유

CHAPTER 7　대학과 나 그리고 아낌없이 채우는 자소서

CHAPTER 8 소논문의 정점에 이르는 가장 빠른 길

미래 진로를 고려한 학생부종합으로의 입시 트렌드 변화

내신 성적만으로
명문대 가는
시기는 지났다

20여 년 동안 우리나라 입시를 지배해온 수능 정시체제는 2018학년도부터 주요 명문대를 기준으로 15% 내외로 선발한다. 전체 정원의 70% 이상을 학생부종합전형으로 선발하고 있다.

이러한 상황에서 정말 아쉬운 것은 대부분의 학생과 학부모들이 내신에만 올인하는 모습이다. 오른쪽 상단의 도표와 같이 학생부종합전형에서는 교과 내신과 비교과 활동을 종합하여 정량적이 아닌 정성적인 평가를 한다. 그렇기 때문에 단순히 내신 성적만을 가지고 학생이 갈 수 있는 대학을 결정하는 것은 매우 위험하다.

오른쪽 상단의 도표의 과거 주요 대학교에 합격한 많은 학생들의 사례를 보면 2014~2015년도에 주요 명문대를 합격한 1,400명의 내신 성적이 최고 성적 1.00(전 과목이 모두 1등급)부터 6.51등급까지 분포한다. 7~8등급으로도 합격한 학생이 있을 수 있지만 1,400명에

	대학	평균	최고	최저
1	서울대	1.64	1.00	5.00
2	KAIST	1.62	1.00	3.00
3	POSTECH	1.44	1.00	2.90
4	연세대	1.95	1.00	5.70
5	고려대	1.66	1.00	6.51
6	서강대	1.80	1.00	6.00
7	성균관대	2.13	1.00	6.20
8	한양대	2.04	1.00	5.17
	전체	1.82	1.00	6.51

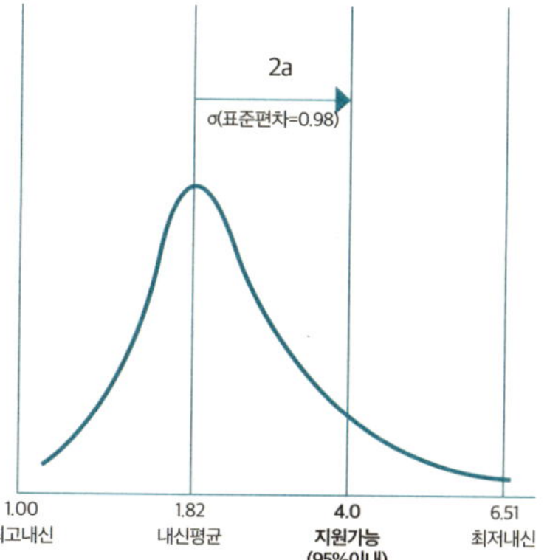

는 포함되어 있지 않다. 주요 명문대에 합격한 학생들의 평균 내신 성적은 1.82등급이며, 표준편차는 0.98이다. 통계적 유의성을 보면 평균 + 2 × 표준편차 = 4.0이 나온다. 즉, 내신 성적이 4등급 이내면 전체 합격자의 95% 구간 내에 포함된다.

내신 성적이 4등급이라고 무조건 명문대에 합격한다고 할 수는 없다. 4등급 이내인 학생의 경우 비교과 활동의 내용과 전공 적합성 등을 판단하여 수시원서 6개 중에서 최소 1~2개 정도는 상위권 대학에 전략적으로 지원할 수 있을 것이다.

학생부종합전형을 준비하는 학생과 학부모들은 내신에만 올인하는 것보다 내신과 비교과의 균형 있는 배분이 필요하다. 교과내신과 비교과 활동에 대한 시간 배분으로는 내신 80% : 비교과 20%를 최소한으로 확보하여 교과와 비교과를 체계적으로 준비해야 한다.

고려대 2018학년도 전형, 학생부종합으로 75% 선발!

고려대 논술 전면 폐지

고려대학교에서는 전체정원의 27.4%를 선발했던 논술 인원 1,040명을 2018학년도부터는 한 명도 뽑지 않는다. 고려대 외에도 성균관대를 비롯한 상위권 대학들은 기존 논술 선발 인원을 축소 또는 폐지해나가고 있다. 이러한 현상은 2019, 2020년으로 진행될수록 더 심화될 것이다.

정시 인원의 축소

2017학년도에 전체인원의 25.9%(983명)을 선발했던 정시 인원은 2018학년도에 15% 내외로 대폭 축소가 된다. 정시 인원의 급감은 2019~2020학년도에 10%, 5% 내외로 축소할 가능성이 높다. 수능은 폐지 혹은 한국사와 같이 자격고사 수준으로 변경될 가능성이 높다는

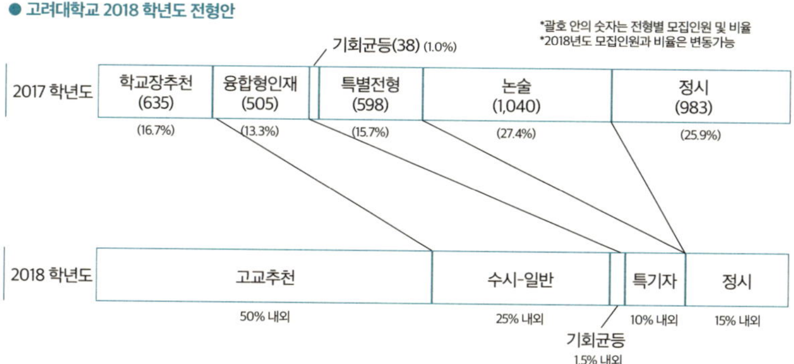

것이 전문가들의 의견이다. 정시 인원이 줄어감에도 불구하고 학교에서는 수업과 입시 전략을 대부분 정시로만 준비하고 있다. 수시 80%, 정시 20%의 시대가 되었음에도 학교에서는 20% 학생들만 수시를 준비하고, 80% 학생들에게는 정시로 가이드하고 있는 모습은 참으로 안타까운 일이다. 앞으로는 정시의 선발 인원이 대폭 감소해나간다. 그만큼 정시의 경쟁률은 높아져갈 것이고, 정시로 명문대 입학하기는 낙타가 바늘구멍 들어가는 것만큼 어려워질 것이다.

수시 인원의 대폭 증가

2017년도에 50% 내외를 선발했던 고려대 수시 모집인원은 2018년도에 85%로 대폭 확대가 된다. 이러한 수시 인원의 증가는 고려대뿐만 아니라 수도권 주요 대학교에 고르게 적용되어 2018년도에는 우리나라 전체 4년제 대학에서도 전체 인원의 74%를 수시로 선발할 계획이다.

이제 학생부종합전형으로 대학의 전략을 준비할 때가 왔다. 지금 늦었다고 생각하지 말자. "늦었다고 생각할 때가 가장 빠른 시기다"라는 말이 있다. 수시 80%의 시대, 지금부터라도 학생부종합전형을 위한 전략적인 선택을 할 때이다.

2018년도 수시로 대입 전체 정원의 74% 선발!

수능은 처음 도입된 1994년 이후로 20년이 넘도록 대입 왕좌의 위치를 굳건히 지켜왔다. 그런데 2002년부터 수시 제도가 본격적으로 활성화되어 가면서 매년마다 정시의 비중이 감소하고 수시의 비중이 높아져가고 있다. 2018학년도를 기준으로 볼 때 수시의 비중은 전체의 74%, 정시는 26%가 되었다. 수시가 정시를 완전히 역전하게 된 것이다. 그동안 고등학교에서는 오직 수능을 중심으로 한 정시만 준비해왔기 때문에 학생부종합전형으로 수시를 준비하기에는 많은 어려움이 있었다. 수능은 말 그대로 기존 학교 교사들이 자신의 담당 교과목 중심(국·영·수·사·과 등)으로 준비를 해온 것만으로 충분했다. 그러나 이제 수시의 준비 양상은 전혀 달라졌다.

수시, 특히 학생부종합전형에서 가장 중요한 평가요소 중 하나는 전공적합성이다. 인공지능과 로봇 그리고 ICT 융합으로 대표되는 4

차 산업혁명의 시대에 학문 간, 산업 간의 영역은 점점 무너져가고 있다. 오히려 학문 간, 산업 간의 융합을 통해 새로운 전공과 산업들이 하루가 다르게 만들어지고 있다. 따라서 지금까지 학생들을 가르쳐왔던 기존 수능 문제풀이 방식은 대입뿐만 아니라, 취업에 있어서도 미래시대에 역행하는 인재 선발 방식으로 지적되고 있다.

이제 자신의 전공을 기반으로 ICT, 인공지능, 로봇, 콘텐츠 등 새롭게 부각되는 산업과 연관된 다양한 교내 활동을 통해 나만의 학생부종합전형을 준비해나가야 한다. 동아리활동, 봉사활동, 진로활동, 독서활동 그 어떤 것도 소홀히하거나 버릴 것은 없다. 전공적합성과 자기주도성이라는 두 가지 큰 축을 향해 준비해야 한다. 지금부터가 시작이다. 이제 교과에만 올인하는 것보다 교과와 비교과의 균형 있는 준비가 필요하다.

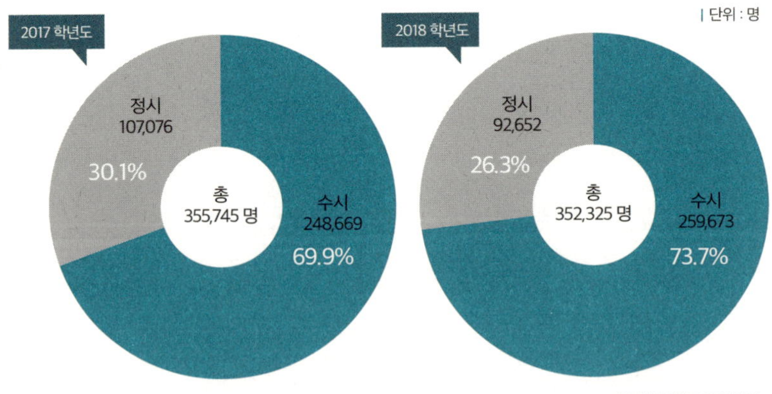

2002~2020
연도별
수시·정시
선발 비율의
변화

2002학년도부터 2018학년도까지의 연도별 수시-정시의 선발 비율의 변화와 향후 2020학년도의 선발 비율의 변화까지 같이 예측해 보도록 하겠다.

다음의 도표를 보면 1994년도에 처음으로 도입된 수능은 2002년도에는 정시의 비중이 71%, 수시의 비중이 29%의 비율을 차지하였나. 섬차 대학에서는 수능섬수만으로 선발하는 획일화된 방식에서 벗어나, 대학별로 창의적이고 자율적인 방식으로 선발하는 수시의 비중이 점점 증가하고 있다. 2006년도에는 수시와 정시의 비율이 거의 50% : 50%의 동일한 비율로 선발을 하게 되었다.

정시의 지속적인 감소와 수시의 지속적인 증가에 힘입어 결국 2017학년도에는 수시 70%, 정시 30%의 시대를 열게 되었다. 2002년도의 정시 70%, 수시 30%와 비교한다면 완전히 반대의 상황이 된

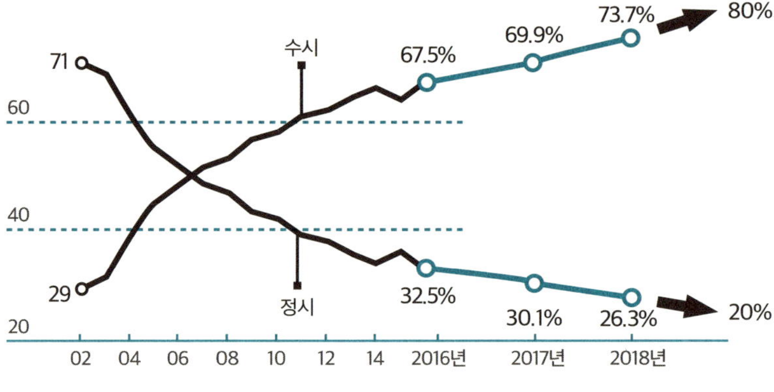

것이다.

올해 2018학년도에는 수시로 74%, 정시로 26%를 선발하게 되었다. 이러한 추세가 지속된다고 할 때, 2020학년도에는 수시로 80% 이상을, 정시로 20% 이하를 선발할 것으로 전문가들은 예측하고 있다. 수시 80%의 시대, 정시 20% 시대가 되었다고 할 수 있다. 정시라는 RED 오션에서의 치열한 경쟁보다는 수시, 특히 학생부종합전형이라고 하는 BLUE 오션에서 새로운 꿈과 비전을 이루어 가길 바란다.

논술의
함정에
주의하라

논술의 함정에 주의하라? 과연 무슨 말일까?

먼저, 과거 인문계와 자연계 각각 논술 지원자의 합격률을 공개하면 다음과 같다.

인문계 논술 합격률을 보면 내신 1등급 학생의 경우 12%, 내신 2등급 학생의 경우 5%이지만 내신 3~4등급 학생의 경우 1.9%, 내신 4등급 미만 학생의 경우는 0.5% 수준이다.

자연계는 어떨까? 자연계는 인문계보다 합격/불합격의 양상이 더 극명해지는 것을 알 수 있다. 1등급 학생의 경우 26%, 2등급은 14%이지만, 3~4등급 학생의 경우 1.2%이며, 4등급 미만의 학생의 경우에는 합격률이 0%이라는 충격적인 결과가 나왔다. 고려대의 경우 2018학년도부터 논술을 폐지했으며 이러한 여파는 다른 학교들에게

논술 지원자 합격률 [인문]			
등급	응시자	합격자	합격률
1.0~1.5	290	35	12.07%
1.51~2.0	702	45	6.41%
2.01~2.5	1124	56	4.98%
2.51~3.0	1197	60	5.01%
3.01~3.5	1384	44	3.18%
3.51~4.0	1233	24	1.95%
4.01~4.5	876	12	1.37%
4.51~5.0	706	3	0.42%
5.0~	756	7	0.93%
평균	8268	286	3.46%

논술 지원자 합격률 [자연]			
등급	응시자	합격자	합격률
1.0~1.5	147	39	26.53%
1.51~2.0	500	72	14.40%
2.01~2.5	694	102	14.70%
2.51~3.0	944	62	6.57%
3.01~3.5	828	45	5.43%
3.51~4.0	750	9	1.20%
4.01~4.5	705	0	0.00%
4.51~5.0	386	0	0.00%
5.0~	471	0	0.00%
평균	5425	329	6.06%

도 논술 폐지 혹은 축소의 영향을 주고 있다.

논술의 시대는 점점 기울어 갔다. 2016학년도 수시 원서 6개 모두를 논술로 쓰고 모두 탈락한 학생들도 많이 있다. 지피지기면 100전 100승이라고 했다. 먼저 현재 논술의 합격률이 어떤지 그리고 나의 내신 성적은 어떤지 철저히 분석해봐야 한다. 나에게 가장 적합한 전형이 무엇인지 전략적으로 선택하고 그 선택에 집중해야 한다.

1-6

명문대 합격 비법
속도보다
중요한 것은
방향이다

필자가 활동하는 대치동을 비롯해 서울권, 경기도, 전국단위로 입시에 관련한 많은 정보들이 홍수처럼 넘쳐나고 있다. 어떤 정보가 우리 아이에게 적합한 정보인지 헷갈리는 경우가 많아졌다. 입시에 대한 전략적 방향성을 진로와 연관해서 간단히 표현하자면 진로를 기반으로 한 나만의 차별화된 입시 전략 수립이다.

수시 전형은 크게 4가지로 구분할 수 있다. 학생부교과, 학생부종합, 특기자, 그리고 논술전형이다.

학생부교과전형

학생부교과전형은 말 그대로 학생부에서 교과내신 성적으로 학생을 선발하는 전형이다. 교과 내신에 자신이 있는 학생들은 학생부교과전형이라는 카드를 활용할 수 있다. 그런데 서울권 주요 대학들의

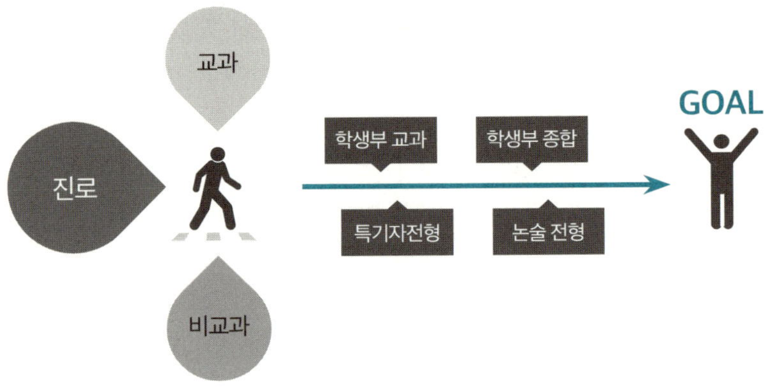

학생부 교과성적 평균을 보면 내신 성적은 주로 1점대 초~중반이다. 특목·자사고 학생들은 내신 경쟁이 상당히 치열하기 때문에 학생부 교과전형으로 지원할 수 있는 학생의 비율이 매우 낮다. 일반고에서는 사실상 전교 최상위권 하는 친구들 정도만 지원이 가능하기 때문에 내신 성적에 비해서 비교과 활동이나 수능 성적이 부족한 학생들이 전략적으로 활용할 수 있는 전형이다.

학생부종합전형

현재 수시 전형에서 서울 주요 대학이 가장 많이 선발하는 전형은 학생부종합전형이다. 2018학년도에 서울대와 고려대는 75% 이상의 학생을 학생부종합전형으로 선발하고 있다. 학생부종합전형은 학교 내에서 활동한 사항에 대해서만 학생기록부에 기재가 된다. 대학

또한 그것에 맞추어서 교과범위 그리고 학교에서 하는 창의적 체험 활동(자율, 동아리, 봉사, 진로) 범위 내에서 했던 활동이 기재가 가능하다. 과거 입학사정관제처럼 수학과학올림피아드, 토익, 토플 등 대외 수상 실적이나 어학성적은 기재가 되지 않는다.

중요한 것은 얼마나 화려한 스펙을 가졌느냐가 아니라 동아리, 봉사, 진로, 독서활동과 같이 학교 내에서 이루어지는 활동을 얼마나 창의적이고, 주도적으로 심화 및 확산 발전시켜 갔느냐이다. 자신의 내신 성적과 함께 비교과 활동을 꾸준히 준비해온 학생이라면 학생부종합전형을 적극 추천한다.

특기자전형

크게 어학특기자, 수학과학특기자, 체육특기자 등 다양한 전공별 특기자전형이 있다. 학생부 이외에 본인이 재능이 있다고 판단되는 분야에 대한 외부 수상 실적, 논문, 특허 등 다양한 요소가 학생부 외에 추가서류로 제출이 되어 평가에 반영이 된다.

학교별 모집요강을 잘 분석하고 전략적으로 준비하는 학생늘이면 지원을 권장하다. 특별히 발명, 특허가 있는 학생들은 KAIST나 GIST의 활동우수자(발명, 특허, 창업)전형을 추천한다. 특기자전형은 학생부종합전형에 비해 내신 성적보다 비교과에 대한 반영 정도가 높기 때문에 비교과에 대한 차별화된 강점이 있는 학생이라면 특기자전형으로 적극 권장한다.

논술전형

지금까지 수능과 함께 20여 년 이상 전통적인 대입 전형의 주축으로 선발한 전형이다. 논술전형은 변별력 등의 문제로 인해 이번 2018학년부터 고려대를 비롯한 많은 대학에서 폐지 또는 축소로 전환되고 있다.

논술은 내신 등급별 합격률의 차이가 많이 발생한다. 내신 3등급 이하의 학생들의 합격률은 평균 1% 수준이다. 논술전형은 내신 성적이 3등급 이내이고 최소한 1년 이상 논술을 꾸준히 준비해온 학생이라면 수시원서 6개 중 1~2개 정도 수준에서 전략적으로 준비하는 것을 권장한다.

수리 논술의 경우에는 수능 모의고사 주관식 문항을 심화시킨 형태의 문제로 생각하고 목표 대학별 과거 논술 기출 문제를 중심으로 풀면서 공부해간다면 합격 가능성을 높일 수 있다. 인문 논술의 경우 수리 논술과 비교해서 평가의 기준이 상당히 정성적인 측면에서 평가가 이루어지기 때문에 정량적 측면에서의 평가 정확도는 보장할 수 없다는 단점이 있다.

앞의 4가지 수시 전형 중에서 우리 학생에게 적합한 전형이 무엇인지 잘 분석하고 준비해서 대입 전형에서 좋은 결과가 있길 응원한다.

CHAPTER 2

진로가
두 번째도 아닌,
첫 번째로
중요한 이유

진로가
합격 당락의 절반을
좌우한다

두 명의 학생의 사례가 있다. 실제 컨설팅 상담과 교육을 통해 접하게 되는 사례로써 전공적합성에 따라 합불 여부가 결정된 가장 대표적인 케이스를 설명하겠다.

김선화(가명)는 강남의 일반고에서 내신 성적이 1.3으로 매우 우수한 성적을 가진 학생이다. 박나영(가명)은 지역 일반고에서 내신 2.3등급인 학생이다.

김선화 학생은 정치인이 되고 싶었으나 부모님의 반대로 진로희망 사항을 교사로 작성했다. 하지만 학생기록부 내용은 학생회 임원 활동 등 본인이 원하는 정치인의 성향을 중심으로 작성되었다. 김선화 학생은 우수한 내신 성적임에도 불구하고 진로희망 사항과 학생기록부의 방향이 일치하지 않았고 전공적합성이 부족하여 결국 본인이 지원한 교대에 탈락했다.

항목	김선화(가명)	박나영(가명)	비고
고등학교	강남 일반고	지역 일반고	
내신 성적	1.3	2.3	1~3학년 평균
진로희망	교사	교사	
비교과 방향	정치외교관련	교육관련	
수상 실적	우수함(16개)	우수함(23개)	교과우수상 제외
최종입결	교대 초등교육 **불합격**	이화여대 사범계열 **합격**	2017학년도

반면 박나영 학생은 진로희망 사항에 본인이 희망하는 교사로 작성하였고 또래 상담반, 교내 멘토링 봉사 등 교육과 관련한 지속적이고 심화된 활동을 꾸준히 준비했다. 결국, 지역 일반고 2.3이라는 불리한 내신을 극복하고 이화여대 사범계열에 합격하였다.

대부분의 학부모들은 학력고사 또는 수능 초기 세대이다. 시험 성적으로만 대학에 입학했던 경험으로 그저 내신 성적이 좋으면 당연히 좋은 대학에 합격할 수 있다고 생각하는 경향이 있다.

여기서 분명하게 강조하고 싶은 것은 학생부종합전형은 학생의 내신 성적과 비교과 활동을 모두 정성적으로 균형 있게 평가하는 전형이다. 내신 성적에만 올인하는 것보다는 희망하는 진로와 연관된 비교과 활동에 대한 시간 투자와 1, 2, 3학년으로 갈수록 심화 발전되도록 준비하는 것이 필수적이다. 이제 학생부종합전형을 준비하는 데에 있어서 진로가 얼마나 중요한 것인지 충분히 이해했을 것으로 생각한다.

진로 결정을 위한
4가지 질문

본인의 진로를 결정하는 데 필수적인 4가지의 질문 사항이 있다.

특히, 진로 선정은 미국이나 핀란드 같은 서구와는 달리 우리나라에서 많은 문제를 안고 있는 부분이다. 요즘에는 과거와는 달리 학생의 성향에 따라 다양한 진로가 있다. 그럼에도 불구하고 의사, 변호사, 교사 같은 전문직의 선호 현상은 여전하다.

그러나 중요한 사항이 있다. 제4차 산업혁명과 연관된 많은 보고서를 보면 향후 15~20년 안에 현재 존재하는 직업의 70% 이상이 사라진다고 한다. 아무리 각광을 받고 있는 직업이라도 대학을 졸업하고 사회에 진출하는 10년 이후에도 현재처럼 비전이 있을지 신중하게 생각해야 한다.

부모님은 연륜과 경험을 바탕으로 자녀에게 진로에 대한 조언을 하는 것은 좋지만 달라질 시대의 트렌드와 변화에 신중하고 진지한

1 부모님을 위한 진로인가? 나(학생)를 위한 진로인가?

2 대학을 졸업한 이후에도 (평생) 지속적으로 공부할 수 있는가?

3 성공한 사람들의 5%의 스펙 or 95% 스토리, 어디에 집중하는가?

4 나의 가슴을 뛰게 하는 진로인가?

검토를 병행하는 것이 자녀의 미래를 위한 현명한 태도이다.

현재처럼 38선, 45정인 시대에 평생 직장은 사라지고 평생 직업의 시대가 열리고 있다. 대학만 들어가면 끝이 아니다. 취업을 위해서 승진 그리고 퇴직 이후 창업 등을 위해서 지속적인 준비와 공부가 필요하다. 그러기 위해서는 본인이 흥미가 있고 재미가 있는 분야에 대한 진로를 결정하는 것이 필요하다. 이러한 시대의 조류, 시대의 파도를 거슬러 가는 것은 불가능하다. 그렇다고 파도에 휩쓸려가서도 안 된다.

이러한 변화의 파도를 타고, 광활한 미래의 비전의 바다를 마음껏 누비기를 바란다.

10년 전
이공계 위기,
지금은?

삼성, 현대, LG, SK그룹 등 주요 대기업 공채 합격자 중에서 이공계 출신의 비율을 보면 80%~100% 수준이다. 대부분의 직원을 이공계 출신으로 뽑고 있다는 말이다.

10년 전 소위 말하는 IT 버블로 인해서 이공계 채용시장은 상당히 얼어 있었다. 1990년대에 컴퓨터공학과가 신설되어 이공계에서 가장 우수한 학생들은 컴퓨터공학과로 지원했다. 이 여파는 1990년대 후반까지 이어지다가 1998년 IMF를 맞으면서 1차적인 위기를 맞게 된다.

정부에서는 IMF의 위기를 극복하기 위한 여러 방법을 모색하였다. 2000년대 초 많은 IT 벤처들이 IT 분야의 신성장 동력원을 준비하면서 IT BOOM을 만나게 된다. 그러나 2000년대 중반에 실제적인 콘텐츠나 마케팅 등이 부족한 중소 영세 IT 기업들은 도산 등의 위기

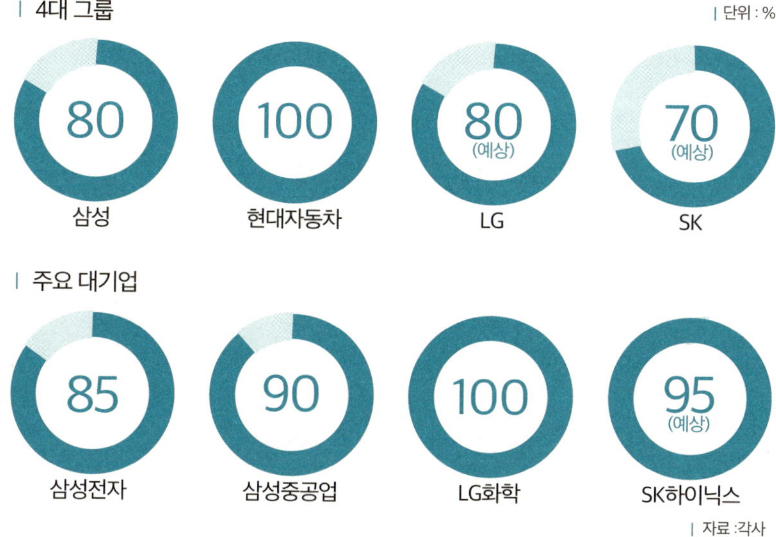

를 만나면서 IT 버블 현상을 경험하게 된다. IT 벤처 중에서 정말 내실 있고 경쟁력 있는 기업들이 현재 신흥 IT 시장을 주름잡는 주요 기업으로 성장하였다. 대표적인 IT 기업들로는 넥슨, 카카오 등이 있다.

급속히 발전하는 4차 산업혁명의 시대에는 IT를 비롯한 기계, 전기, 전자, 의료, 애니메이션, 콘텐츠 등 다양한 분야들이 ICT와 융합해서 새로운 성장 동력으로 만들어지고 있다. 이공계 분야는 적어도 앞으로 10년은 더욱더 활성화될 것으로 기대한다.

인문계 분야 미래유망 직업군(1)
—
중국어·문학 관련 학과

　인문계 분야의 유망 직업군들을 크게 다섯 가지로 소개를 하겠다. 요즘처럼 취업난이 극심한 상황에서 특별히 인문계열로 진로를 잡고 있는 학생들은 졸업 이후의 취업을 생각해서 진로의 분야를 신중하게 검토할 필요가 있다.

　먼저 중국어·문학 관련 학과이다. 10년 전부터 중국 시장은 지속적으로 확대되어 왔다. 따라서 중국어뿐만 아니라 중국통상학과나 아시아문화학부 등 관련 학과에 대한 경쟁률과 인기가 점점 높아지고 있다. 그러나 중국 시장도 향후 5~10년 이내에는 포화될 수 있다는 것이 전문가들의 의견이다. 과거 중국 시장에서의 인건비는 다른 개도국 대비 50% 미만이었지만 지금의 인건비는 주요 개도국 대비 70~80% 수준을 넘어서고 있기 때문에 점점 투자처로써의 장점은 사

구분	2012	2013
학과 전체 취업률	48.1% (7개교)	47.9% (39개교)
국민대 사회학과	51.5% (15위)	83.8% (1위)
한림대 사회학과	60.0% (6위)	65.0% (4위)

라지고 있다.

그 다음 대안이 바로 베트남이다. 우리나라와 베트남은 여러 가지로 인연이 많다고 할 수 있다. 우리나라가 월남전에 참전했던 나라인 것부터 가장 많이 국제결혼을 하는 국가 중 하나가 베트남이다.

베트남은 이제 아시아에서 중국 다음으로 급성장을 거듭하고 있다. 앞에서 이야기했듯이 중국이 인건비가 상승함으로 인해 삼성, LG 등 주요 대기업은 베트남을 투자처의 1순위로 생각하고 있다. 차세대 반도체 및 디스플레이 관련 제조 공장들은 5년 전부터 베트남에 증설되고 있다. 앞으로 베트남은 아시아에서 중국을 이은 새로운 시장으로 성장할 것으로 강력하게 추천되고 있다. 따라서 어학 분야나 국제 통상을 준비하는 학생이라면 베트남에 대한 관심과 공부가 집중적으로 필요하다.

마지막으로 중동 지역이다. 중동 유프라테스 지역에서 문명의 발상이 시작해 역사의 축은 로마→북유럽→미국→일본→한국→중국→베트남까지 흘렀다. 이제 중동 지역을 마지막 지점으로 다시 역사의 큰 사이클이 완성되어 가고 있다. 두바이를 비롯해서 중동 지역은 현재 가지고 있는 막대한 석유자원을 활용해서 새로운 성장 동력원들(먹거리)을 만들고 있다. 중동 시장은 향후 5~10년을 바라본다면 새롭게 만들어 갈 수 있는 매력적인 시장으로 생각할 수 있다. 단, 여성은 중동에서 경제활동을 하는 데 많은 제약이 있다.

인문계 분야 미래유망 직업군(2)
—

역사·콘텐츠 관련 학과

역사학과라고 한다면 졸업 후 진로에서 어떠한 이미지가 생각나는가? 부모 세대에서는 역사 선생님, 역사 교수, 역사학자, 학예사 정도 생각할 수 있을 것 같다.

4차 산업혁명의 시대에서는 역사 부분이 단순히 역사를 연구하고 탐구하는 것으로 끝나는 것이 아니라, 역사라는 소재가 ICT(정보 통신 기술)와 융합해서 새로운 콘텐츠로 변화하고 있다. 이렇게 '역사 + 콘텐츠 = 역사문화 콘텐츠'라는 산업으로 급속히 발전하고 있다. 그렇다면 역사문화 콘텐츠가 산업에 적용된 실제 사례에 대해서 알아보겠다.

다음의 그림의 왼쪽은 기존의 박물관에서 흔히 볼 수 있는 고려청자이다. 고려청자 앞에 있는 유리벽은 투명디스플레이 필름을 장착하고, 그 위에 청자와 어울릴 수 있는 꽃이나 나비, 물고기 등의 형상

고려 청자와
투명디스플레이 + 사용자의 상호작용

김홍도의 대장장이
영상 + 소리로 실감있게 전달하는 콘텐츠

이 관람객과 상호작용을 하면서 움직이게 하는 콘텐츠다. 그리고 오른쪽 그림은 모두가 잘 알고 있는 김홍도의 대장장이 그림이다. 자세히 보면 단순한 그림이 아니라 그림을 영상화시키고 달궈진 쇠를 칠 때 발생하는 소리까지도 스피커로 나오게 한다. 보다 실감나는 조선시대의 대장장이의 모습을 눈과 귀로 감상할 수 있도록 한 대표적인 역사문화 콘텐츠이다.

어떠한가? 4차 산업혁명 시대의 ICT 기술은 단순히 이공계 학생들만의 전유물이 아니다. 역사학과, 교육학과 등 인문계 학생들도 얼마든지 융합해서 새로운 콘텐츠를 만들고 새로운 산업을 만들어 갈 수 있다. 이러한 것을 실현하는 시점을 단순히 대학 졸업 이후로 생각하지 말자. 창의융합적인 콘텐츠를 만드는 활동은 중학교 혹은 고등학교 동아리 내에서 이루어지는 경우가 최근 몇 년 새 급격하게 증가하고 있다.

그렇다면 이렇게 자신만의 창의융합형 콘텐츠가 준비가 된 대학생들의 취업률은 어떨까?

우리나라에 여러 대학에 역사학과가 개설이 되어 있지만 그중에서도 서울에 있는 중앙대학교 역사학과와 전주시에 있는 전주대학교 역사문화 콘텐츠학과의 취업률을 비교해보자. 결과를 보면 정말 놀랍다. 중앙대 사학과 취업률은 44.4%인 반면에 전주대 역사문화 콘텐츠학과는 77.8%의 기록을 경신했다. 전국에 있는 인문계열 학생의 평균 취업률이 40%대인 것을 감안하면 두 배에 가까운 높은 취업률이다.

인문계라고 해서 무조건 취업률이 낮다고 선택지에서 제외하거나 비관하는 것은 잘못된 생각이다. 인문계, 자연계라는 이분법적 구분보다는 기존의 전공이 새로운 가치를 창조해낼 수 있는지 가능성과 잠재력을 보고 판단하는 지혜가 필요하다.

따라서 대학 진학을 꿈꾸는 학생들은 진로를 어떠한 로드맵을 가지고 어떻게 진행해야 할지 보다 신중한 전략과 방향을 가져야 한다.

수리·통계 관련 학과

자연계 분야의 전공을 분석하면 60~70년대에 기계공학, 화학공학 등 전통적인 인기 전공분야가, 80년대 이후에는 전기공학, 전자공학 등으로 신생, 파생되어 갔다. 90년대 이후에는 전자공학에서 파생된 컴퓨터공학이 새로운 돌풍을 일으키면서 전자공학과 이상으로 가장 인기 있는 전공으로 자리를 잡았다. 1998년 김대중 정부 이후로 벤처기업에 대한 열풍과 더불어 신생 IT/SW 관련 학과들이 파죽지세처럼 생기고 확산되어 갔다. 하지만 2000년대 중반에 들어서 실패한 IT벤처 기업을 중심으로 IT 벤처 버블이 발생하고 IT를 중심으로 한 이공계 출신들이 갈 곳이 없어지는 위기도 있었다.

모든 것에는 사이클(주기)이라는 것이 있듯이, 이공계 분야도 이제 10년 전과 달리 새로운 전성기를 맞이하고 있다. 인문계 분야의

구분	2012	2013
재료공학과 전체 취업률	67.3% (22개교)	66.8% (20개교)
한양대(에리카) 재료공학과	71.9% (9위)	88.5% (2위)

평균 취업률이 40% 수준인 반면, 이공계 분야는 60%~70% 이상을 기록하고 있을 정도로 호황을 맞이하고 있다. 4차 산업혁명의 시대에서 과거와는 새로운 패러다임으로 전환하고 있는 과도기라고 할 수 있다.

그중에서 가장 이슈가 되고 있는 직업군이 통계학과, 수학과 등으로 내표되는 수리 통계 관련 학과이다. 과거에는 통계학과라고 한다면 통계청 정도를 생각하고, 수학과라고 한다면 수학 교사, 수학 강사 정도를 생각했다. 이제는 사물인터넷이 확산되면서 생겨나는 수많은 데이터를 분석해 유의미한 새로운 정보를 만들어 내는 과정, 즉 빅데이터의 시대가 왔다.

IT/SW 기술과 맞물려서 딥러닝, 머신러닝 등으로 지속 발전하고 있는 인공지능 분야는 지난 2016년 바둑 세계 챔피언인 이세돌 9단과 인공지능 알파고의 대국을 통해서, 많은 사람들에게 인공지능의 뛰어남으로 전세계에 놀라움과 충격을 주었다.

이렇듯 수리 통계 분야는 단순한 수학, 통계학의 범위를 넘어섰다. 기업에게 있어서는 홍보/마케팅의 수단으로, 국가에게 있어서는 새로운 정책 도입을 위해 필수적인 도구로 적용되고 있다. 구글이나 네이버 등 글로벌 IT 기업에서는 과거 어느 때보다 수리 통계 계열 학생을 선호하게 되었다.

이제 급변하는 산업의 트렌드를 선점할 직업군들에 대해서 보다 융합적이고 장기적인 관점으로 볼 때가 되었다.

자연계 분야 미래유망 직업군(2)

—

IT·SW 관련
학과

IT/SW 분야는 4차 산업혁명 시대에 있어서 가장 필수적이다. ICT 신기술과 가장 융합적이고도 적합한 분야라고 할 수 있다. 단순히 기계, 전기, 전자, 소재 분야로 각각 구분해 왔던 학문 분야가 10년 이전부터는 IT(정보기술), BT(바이오 기술), CT(콘텐츠 기술), NT(나노 기술)라고 하는 새로운 산업 분야로 급부상했다. 4차 산업혁명의 새로운 패러다임에 따라서 인공지능, 자율주행자동차, 가상현실, 3D 프린딩, 빅데이디 등 과거에는 없었거나 그저 80년대 전격 Z작전, 에어울프, 검은 독수리 등 외화에서만 보았던 첨단 융합기술이 현실로 다가왔다.

대표적인 사례가 자율주행자동차이다. 자동차에 대한 대표적인 전시회로 모터쇼가 있다. 이제는 자동차가 단순히 운송하는 기계라는 차원을 넘어서 ICT와 융합을 통해 새로운 IT기기 또는 전자기기로 인식하는 부분이 넓어졌다. 그것을 단적으로 반영하는 것이 미국 라스베이거스에서 매년 열리는 CES(미국 세계가전박람회)이다.

CES2016에서 벤츠의 컨셉 CAR의 자율주행을 하는 모습이 전 세계에 공개가 되었고 향후 10년 안에 우리나라도 자율주행자동차의 상용화를 목표로 하고 있다. 새롭게 준비 중인 서울↔세종간 고속도로의 일부는 자율주행자동차의 전용 도로로 기획하고 있을 정도이다. 자율주행자동차가 우리의 삶에 그리고 우리의 미래에 미칠 영향력은 엄청나다고 할 수 있다.

미국의 대표적인 전기 자동차 회사인 테슬라의 시가총액이 전통적 강호였던 포드를 넘어서게 되었다. 이제는 자동차의 형태가 기존의 화석연료 자동차→전기 자동차→연료전지 자동차→자율주행자동차로 점차 진화를 하게 될 것이다.

기계, 전기, 전자, 재료 공학의 구분은 더 이상 의미가 없어졌다. IT/SW와의 융합으로 의공학, 콘텐츠공학 등 새로운 형태의 전공들이 파생되고 있다. 앞으로는 융합의 시대이다. 현재보다는 학생이 대학을 졸업할 10년 후의 미래를 설계하면서 신중한 접근이 필요한 때이다.

CHAPTER 3

4차 산업혁명 시대가 요구하는 인재상

시대가 원하는 인재상이 되는 방법

현재 대치동을 비롯한 사설교육기관 및 학교에서 수많은 입시설명회가 진행되고 있다. 다양한 관점에서 입시전략에 대한 분석 자료를 발표한다. 그러나 그 현상만을 설명할 뿐 왜 이러한 입시 정책과 입시 전형이 이루어졌는지 그 배경과 이유에 대한 설명이 부족한 실정이다. 여기서는 본격적인 입시 정책을 말하기에 앞서 어떠한 이유로 입시에 대한 트렌드가 현재와 같이 변화되었는지 그 배경을 살펴보도록 하겠다.

극지방에 떠 있는 빙산을 보게 되면 수면 위로 올라온 얼음보다 수면 아래에 있는 얼음이 전체의 90% 이상으로 훨씬 많다. 이처럼 현재 학생부종합전형을 중심으로 변화가 되고 있는 입시 현상을 어떠한 관점으로 이해하는지가 필수적이다.

고등학교의 선발기준은 대학의 선발기준으로부터 시작되고, 대학

의 선발기준은 기업의 채용기준에서 시작된다고 할 수 있다. 그렇다면 이렇게 큰 3개의 선발기준으로 변화한 트렌드의 원인은 무엇일까?

이 문제에 대한 답을 찾기 위해서는 시대의 변화를 읽는 것이 중요하다. 다음 그림에서 왼쪽 부분은 1990년을 전후로 한 현재 중고등학교 학생들의 부모님의 입시 세대이다. 오른쪽은 현재 중고등학교 학생들 세대의 산업과 입시 트렌드이다.

먼저 부모 세대를 간단히 말하자면 추격자(fast follower)의 시대이다. 그 시대의 국민 1인당 GDP는 6,000달러 수준으로 88서울 올림픽이 열린 직후이다. 연평균 10% 이상의 고도성장을 이루어갔던 때이기도 하다. 그 당시는 미국, 일본과 같은 선진국의 제품과 산업을 연구해서 하루라도 빨리 따라잡는 것이 중요했다. 국가 차원에서 가장 중요한 것은 공부, 즉 학업 역량이었다. 1993년까지는 학력고사로 1994년부터는 수학능력시험으로 학생을 선발했다.

학력고사는 주로 4지선다의 단순한 학업지식에 대한 문제 유형인 반면, 수학능력시험은 5지선다의 수학능력(학업 역량)을 평가하는

문제의 유형으로 변경되었다. 학업 역량을 좀 더 종합적인 관점에서 평가한다는 기조에는 큰 차이가 없었던 변화였다.

이렇게 부모 세대가 시작이 되고 25년 이상이 흐른 지금 우리나라의 국민 1인당 GDP는 27,000달러로 주요 선진국의 GDP라고 할 수 있는 3만 달러에 거의 근접해왔다. 뿐만 아니라 휴대폰, 반도체, TV 등 무려 160개 이상의 품목에서 우리나라가 전 세계 1위 시장을 점유하고 있다.

우리는 과거 부모 세대처럼 다른 어느 선진국을 무조건 따라 잡는 것이 중요한 시대가 아니다. 창의성을 중심으로 한 창의융합형 교육을 통해 빌게이츠나 스티브잡스처럼 시대를 이끌어 갈 수 있는 창의적 인재가 필요하게 된 것이다.

이러한 영향으로 나온 것이 학생부종합전형(이하 학종)이다. 학종은 단순히 과거 학력고사나 수능처럼 한 번의 시험으로 학생의 모든 역량을 평가하지 않는다. 학업, 진로, 인성 등 종합적인 관점에서 학생을 정성적으로 평가하는 미래 지향적인 전형으로 변화한것이다.

이제 부모 시대와 현재 자녀 시대에서 원하는 인재상에 대해 충분히 이해했을 것으로 생각한다. 이러한 현상은 앞으로 중학생, 초등학생들에게 더 크고 보편적인 전형으로 확대되어갈 것이다. 먼저 준비하는 사람만이 변화하는 트렌드에 휩쓸려 가지 않고 파도를 거슬러 올라탈 수 있다.

기업이 원하는
인재상은
따로 있다

부모님 세대에서 자녀의 세대로 트렌드가 변화하면서 채용 시장에도 많은 변화가 있었다. 과거에는 출신대학과 어학성적이 사실상 기업 채용 기준의 전부라고 할 수 있었다. IMF 이전까지만 해도 1990년대 초중반까지 대학을 졸업한 사람들은 학점관리 적당히 하고 어학성적은 기업이 요구하는 최소 기준만 부합되었다면 취업하는 데에 아무런 어려움이 없었다. 웬만한 대학교 학과사무실에서는 기업에서 제공한 입사원서가 쌓여 있었고, 입사지원을 하면 최종까지 몇 군데는 합격을 해서 어디를 고를지 행복한 고민을 했던 시기였다. 지금 중고등학생들의 부모 세대였다.

지금은 어떨까? 모두 알고 있듯이 현재는 취업의 전쟁시대이다. 서울대를 나와도 백수가 절반이라는 말이 생겨난 것처럼 어느 대학을 나왔느냐가 그 학생의 미래를 보장해주던 시대는 지났다. 기업도

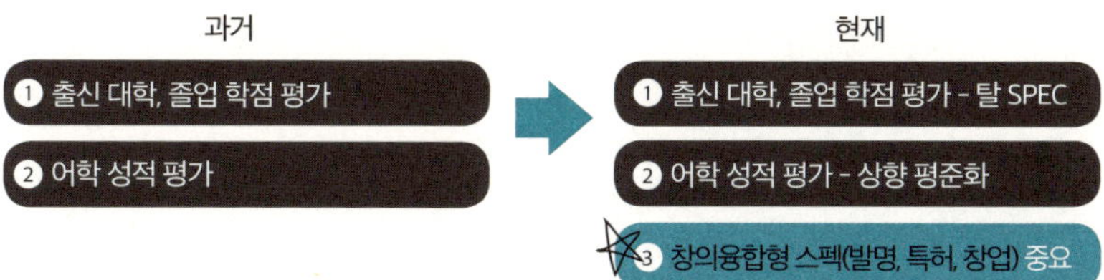

● 2016년 주요 대기업 및 공기업 인재 채용 기준(창의적 문제 해결 능력, 발명 특허)

기업유형	기업(그룹)명	채용 전형(공모전)	채용 우대 사항
대기업	1. 삼성그룹	모든 과정에 창의성 면접 추가	창의적 인재
	2. 현대차그룹	H-Innovator(SPEC 기재 없음)	창의성, 열정
	3. 기아자동차	스카우트-K	**발명, 특허, 블로그, 카페**
	4. LG 그룹	창의, 자율의 원칙(SPEC 최소화)	창의성, 자율성
	5. POSCO	신입사원 채용	**발명, 특허**
	6. SK	바이킹 챌린지	**발명, 특허**, 아이디어
공기업	7. 한국전력	채용연계형 인턴모집	**발명, 특허**
	8. 중부발전	자기소개서 문항	창의적 아이디어
	9. 주택금융공사	일반 입사 전형	신상품 아이디어
금융사	10. 신한은행	신한 아이디어 올림픽	아이디어 공모전
	11. NH 농협	농협 아이디어 공모전	**UCC, 아이디어 공모전**
리조트	12. 대명리조트	대명 아이디어 챌린지	우수 아이디어
기타	삼성, 현대차, 현대중공업, LG, 대우, 한화, LIG, 롯데, STX, 한진, 일진 그룹 등 20개사		특허 유니버시아드 입상자

출신대학과 성적만으로 평가하던 방식에서 벗어나 지원자만이 가지고 있는 차별화된 스토리와 스펙 등을 요구하고 있다. 대표적인 것들이 발명, 특허, 창업과 같은 실적들이다.

한 해에만 해도 수십만 명의 대학 졸업생이 쏟아져 나오고 있다. 토익 성적이 900점 이상이며 학점은 4점대, 해외 봉사, 인턴 경험 등도 많은 학생들이 대부분이다.

SK C&C 입사
강윤기 씨

• SK 바이킹 챌린지 채용 전형 ⇨ 창의력과 아이디어 보유 인재
• 주요 발명특허 ⇨ 일상 생활 관련 발명특허 출원
  - 마우스증후군 방지용 마우스
  - 휴대용 카메라 회전장치 등

　　이렇게 되다 보니 기업에서도 더 이상 과거의 방식으로는 우수한 학생을 선발하기 어려워졌다. 선진 기업의 제품과 산업을 빨리 습득할 수 있는 100명의 직원보다는 기업의 미래 먹거리와 신 성장 동력원을 만들어낼 수 있는 한 명의 창의적인 인재가 필요하게 된 것이다. 기업은 단순한 스펙을 넘어서 자신만의 차별화된 브랜드와 콘텐츠를 가지고 있는 인재를 찾고 있다. 현재 기업에서 진행되고 있는 채용 요강을 분석하면 더 명확하게 이해할 수 있다. 과거 부모 세대의 채용 전형에서 볼 수 없었던 창의성, 발명, 특허, UCC, 아이디어 공모전 등 지원자만의 차별화된 콘텐츠가 있는 경우 채용에 우대하는 기업이 많아지고 있다.

　　실제로 출신학교와 학점 등 소위 말하는 스펙이 화려하지 않더라도, 생활에 관련한 몇 가지 발명특허 출원을 통해서 당당히 대기업에 입사한 사례가 많이 소개가 되고 있다. 일례로 강윤기 씨는 특별히 출신대학이나 학점 등 취업스펙이 화려하지는 않았다. 대신 마우스증후군 방지용 마우스 또는 휴대용 카메라 회전 장치 등 일상생활에 관련한 발명특허 출원을 하였다. 이것을 가지고 자신만의 창의융합형 스펙으로 준비하여 SK그룹에 당당히 입사할 수 있었다.

보통 대학 입시와 취업을 별개의 것으로 생각하는 경우가 많다. 그러나 현재 진행되고 있는 주요 기업의 채용 모집 공고를 본다면 학생부종합전형에서 요구하고 있는 인재상과 상당부분 유사한 것을 알 수 있다.

학생이 중학교 또는 고등학교 시절 발명특허 출원을 했다고 한다면, 이것은 대학교 입시에 적용할 수 있을 뿐만 아니라 대학 졸업 후 취업을 위한 중요한 콘텐츠로 활용할 수 있다. 입시와 취업은 개별이 아닌 한 몸이라는 사실을 명심하기 바란다.

학생은 진로 분야에 적합한 차별화된 콘텐츠를 기획하고 잘 준비해 나가야 한다. 콘텐츠의 유형으로는 아이디어, 발명, 특허, 창업을 위한 사업계획서, UCC, S/W, 앱(APP), 디자인 등 다양한 요소들이 있다. 이 중 학생에게 적합한 콘텐츠는 무엇이 있을지 결정하고 실행에 옮겨야 한다.

대학이 원하는 인재상(1)

—

학생부종합전형 확대와 비교과 영역

과거 20년 동안 전통적인 대학 입시의 큰 축은 수능과 논술이었다. 1994년부터 수능과 논술 중심으로 현재까지 20년간 대입 전형이 진행이 되어 왔다. 2008년부터는 입학사정관제에 의해 학생을 선발하면서 그동안 단순히 학업성적만으로 평가를 했던 부분이 학업과 활동 모두를 평가하는 종합적인 평가 전형으로 도입되었다.

입학사정관제가 학생을 종합적인 관점에서 평가한다는 긍정적인 부분도 있었지만 부정적인 측면도 생겨나기 시작했다.

첫째, 학업 역량 평가 부분에 대한 부족이다. 학업 성적은 좋지 않지만 자신이 관심 있는 분야에 대해서 뛰어난 역량을 보여주는 학생들이 있다. 2012년 곤충박사라는 별명으로 연세대학교에 입학사정관제로 입학한 학생, 2009년 로봇 천재라는 이름으로 KAIST에 입학한 학생 등이다. 이 학생들은 스포트라이트를 받으면서 대학에 입학

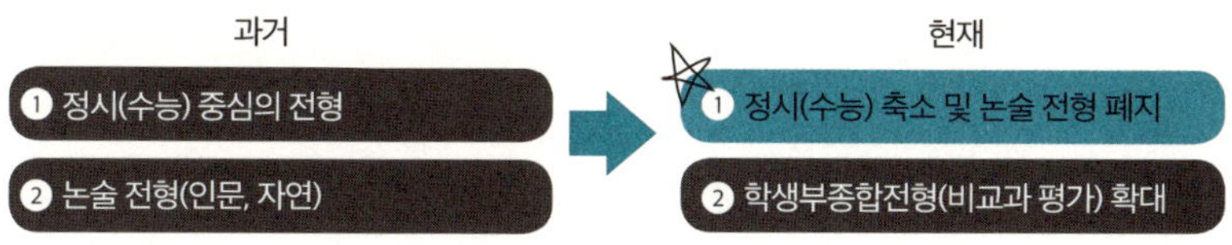

했지만 관련 전공 외에 다른 교양과목 및 전공 선택과목 등에 있어서 다른 학생들에 비해 부족한 학업 역량을 보였다. 결국 좋지 않은 결과로 학업을 중도에 포기했던 사례였다.

둘째, 교외실적에 대한 부분이다. 학교 교과성적 및 교내 활동 이외에도 올림피아드와 해외연수 등 스펙 쌓기에 치우친 사교육의 증가 및 공교육의 정상화에 위배된다는 우려 때문이었다. 입학사정관제는 그 상태를 가지고 지속하기에는 어려움이 많았다.

위의 두 가지 문제점을 보완해서 새롭게 수정·보완된 형태의 대입 전형이 학생부종합전형이다. 2013년부터 실시된 학생부종합전형은 교과 내신 성적과 비교과 활동 두 가지를 모두 정성적인 관점에서 평가를 하기 때문에 특정대학에 입학해서 학업을 진행하기 어렵다고 판단되는 학생들에 대한 객관적인 평가가 가능해졌다. 또한 교외실적에 대해서는 학생부 및 자기소개서에 일절 반영되지 않기 때문에 무분별한 스펙 쌓기로 인한 사교육 과잉 양상을 막을 수 있다.

현재 서울대, 고려대를 비롯한 주요 명문대학에서는 75% 이상의 학생을 수시(학생부종합)전형으로 선발하고 있다. 이것은 갈수록 더욱 확대될 전망이다. 아직 확정되지는 않았지만 현재 중3 학생에 대한 내신과 수능 평가 방식이 기존의 상대평가(9등급제)에서 절대평가로 전환된다면, 사실상 90점 이상이면 내신이나 수능 모두 1등급을 받을 수 있게 된다. 시간이 지날수록 학생부종합전형에서 비교과 영역에 대한 중요성은 더욱 높아질 전망이다.

대학이 원하는 인재상(2)

—

주요 대학 선발 기준 분석

과거 수능과 논술로만 선발했던 시기에 대학에서 요구했던 인재상이 단순히 학업 역량에만 국한되었다는 것을 고려할 때 상당히 많은 변화가 있음을 알 수 있다.

각 대학별 선발기준을 세부적으로 살펴보자. 먼저 서울대의 경우에는 창의적 인재로 발전할 가능성에 가장 큰 비중을 두고 있다. KAIST, GIST, UNIST, DGIST 등 '한국과학기술원법'에 의해서 설립된 4개 대학의 경우에는 소프트웨어 개발, 발명, 특허, 벤처 창업 등 특정한 분야에서 우수한 결과물을 산출한 학생을 선호하고 있다. 포항공대, 연세대, 고려대 등에서도 모두 창의적 인재, 융합형 인재를 선호하고 있다. 이화여대의 경우 특기자전형에서 활동보고서를 가지고 평가하는데 학생기록부에 기재되어 있지 않은 사항에 대한 추가제출 서류가 포함되어 발명특허 및 교외실적 등에 대해서 모두 기

● 주요 명문대 입학 전형 주요 내용 (창의적 사고 능력, 발명, 특허, 창업, 논문)

대학교	입학 전형	주요 내용
1. 서울대	1. 지역균형/기회균형 2. 일반전형	• 인재상 : 학업능력, 자기주도적 학습 태도, 전공 분야에 대한 관심, 지적 호기심 등 창의적 인재로 발전할 가능성 종합적 평가
2. KAIST 3. GIST 4. UNIST	1. 일반전형 2. 특기자전형	• 서류 : 소프트웨어 개발, 발명 또는 특허, 벤처(창업) 등 특정한 분야에서 우수한 성취를 거두었거나 우수한 결과물을 산출한 경우 (특기자전형) • 면접: 심층면접을 통해 인성 및 사회적 역량, 과학적·논리적 사고력, 창의적 문제해결력 등을 종합평가함.
5. 포항공대	창의IT인재전형	• 면접전형 : 1) 개인면접 : 이공계 학업 역량 및 사고력, 창의력 평가 2) 그룹면접 : 융합 및 커뮤니케이션 능력을 통한 창의력 평가
6. 연세대	특기자전형	• 과학공학인재로서의 성장잠재력을 보여줄 수 있는 입증자료(연구보고서, 대외수상 및 활동경력, 발표된 논문 등)를 제출할 수 있는 자
7. 고려대	융합형인재전형	• 인재상 : 자신의 전공분야 선도할 창의적 사고력과 역량을 가진 자 • 면접 : 인재상(창의적 사고력 역량)에 부합하는 기본 역량과 융합형인재로의 발전가능성이 있는지 심층적으로 평가함
8. 이화여대	특기자전형	• 학생부, 활동보고서를 기반으로 수학, 과학 관련 학업 역량 및 교내-외 활동의 우수성, 발전가능성 등을 종합적으로 평가함

재가 가능하다.

주요 대학교에서 학생부종합전형과 특기자전형으로 선발하는 입시요강을 세부적으로 확인하면서 학생이 원하는 대학에서 요구하는 인재상과 결과물에 대해서 보다 구체적으로 조사하고 준비해나가는 것이 필요하다.

4차 산업혁명에 적합한 비교과 콘텐츠를 준비하라

　18세기는 증기기관의 발명으로 시작된 1차 혁명인 기계혁명, 19세기는 전기 동력을 통한 대량생산으로 시작된 2차 혁명인 전기혁명, 20세기는 후반에 들어서 컴퓨터 제어 자동화를 통해 시작된 3차 혁명인 정보혁명이었다. 그리고 2015년 이후에는 사물인터넷, 인공지능, 로봇 산업을 중심으로 급속히 펼쳐지고 있는 4차 혁명인 융합혁명이다.

　전 세계 경제 분야의 최고 전문가들이 모어서 세계의 경제를 논의하는 다보스 포럼의 2016년 주제가 바로 '4차 산업혁명의 이해'였다. 여기서 정의한 4차 산업혁명은 'ICT 신기술이 기존의 제조업과 융합하여 생산능력을 극대화 시킨다'는 의미이다.

　ICT 신기술은 스마트 카, 가상현실, 드론, 3D 프린터, 사물인터넷, 로봇, 인공지능 등 우리가 이미 직간접적으로 경험하고 있는 많은

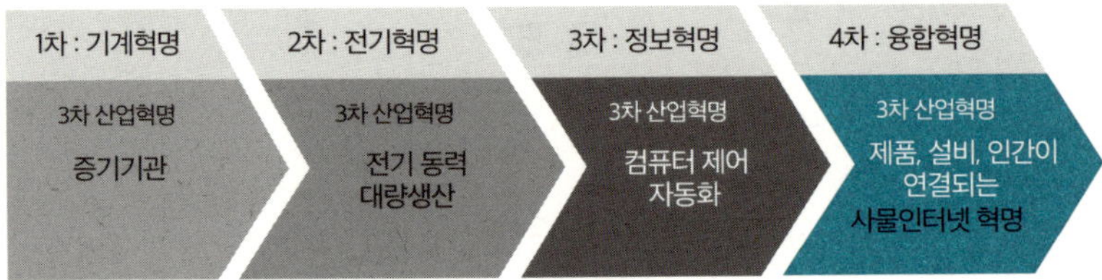

요소들이 포함된다.

우리의 경제, 산업, 생활 전반으로 파급되고 있는 4차 산업혁명은 교육 분야에도 깊숙이 파고들어가고 있다. 학생들이 준비하고 있는 학생부종합전형에도 영향을 미치고 있다. 학생들이 준비하는 진로 분야는 스포츠, 과학, 공학, 인문학, 문화예술, 의학생명 등으로 매우 다양하다.

과거에는 스포츠 분야의 진로라고 한다면 단순히 농구, 축구, 야구 등의 운동 종목 선수에 대해 초점이 맞추어 졌지만, 지금은 스포츠 산업 분야가 ICT와 융합이 되어 세분화되었다. 스포츠 엔터테인먼트, 스포츠 마케팅, 스포츠 경영, 스포츠 에이전트 등 스포츠와 융합된 새로운 산업 분야로 파생되어 가고 있다. 이러한 산업의 흐름에 맞추어 스포츠 관련 전공들이 여러 대학에서 신설되고 있다.

스포츠 산업 외에도 모든 학문 분야가 ICT(정보통신기술)와 융합한다면 학생의 진로에 적합한 창의융합형 콘텐츠를 만들어 갈 수 있다. 역사교육학과를 준비하는 학생이 교육동아리에서 역사교육에 관한 콘텐츠를 만들 수 있다. 예를 들어 스마트 폰에 장착된 GPS 센

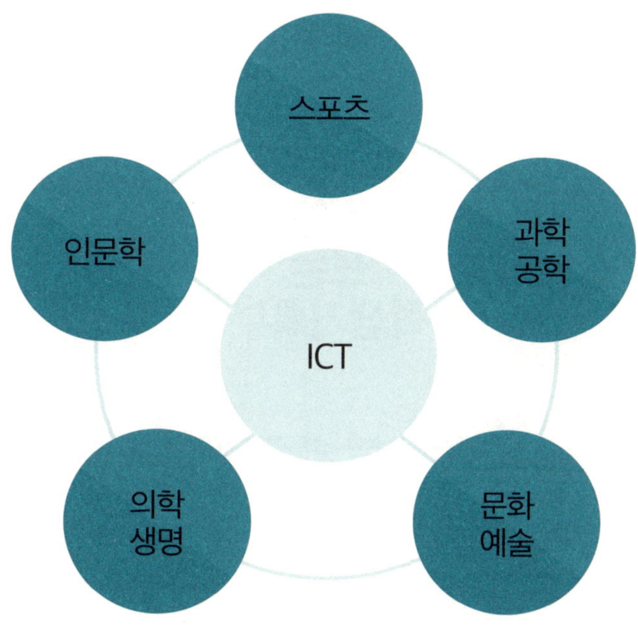

서를 통해서 현재 위치를 알 수 있으며, 이를 바탕으로 현재 위치에서 반경 10Km 안에 있는 역사 유적지, 역사 자료, 박물관 등을 검색할 수 있는 앱(app)을 제작한다. 이것을 동아리활동으로 활용하고 생활기록부에 기재된다면 단순히 역사관련 소논문을 작성하는 학생과는 차별화된 콘텐츠를 준비해갈 수 있을 것이다.

학생이 준비하고자 하는 전공 분야가 무엇이며 동아리, 봉사, 진로활동 등을 통해 무엇을 준비해가고 있는지를 신중하게 검토해야한다. 이제는 그 새로운 아이디어를 행동으로 옮길 때이다.

입학사정관의 관점에서 보는 학생기록부

학생기록부의 주체는 학생이지만 그 학생기록부의 내용을 평가하는 주체는 대학 입학사정관이다. 따라서 학생기록부를 기재 및 관리하는 동안 입학사정관이 어떠한 관점으로 학생의 학생기록부를 볼지를 항상 염두에 두어야 한다.

학생기록부를 1학년~3학년 1학기까지(졸업생의 경우에는 3학년 2학기까지) 기재를 하게 되고 대학 입학처에 접수하게 되면 입학사정관은 단순히 한 분야만을 보고 평가하는 것이 아니라 교과목활동, 동아리활동, 봉사활동, 진로활동, 독서활동, 자율활동 등 학생이 학교에서 수행한 다양한 영역에서의 활동을 보고 평가한다.

입학사정관이 평가하는 가장 중요한 관점은 학생만의 차별화된 브랜드(스토리)가 있는가 하는 부분이다. 학생이 준비하는 진로와 연관된 분야에 대한 활동과 스토리가 있는지 평가한다. 의학생명 계

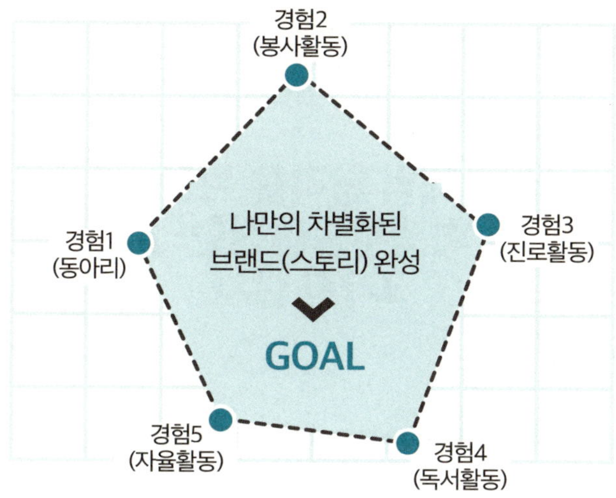

열의 진로를 준비하고 있는 학생이 생명과학에 관련된 활동이 아닌 문학이나 음악과 관련된 활동으로만 준비하고 있다면 이런 학생의 학생부는 진로에 대한 적합성이 매우 부족하다고 할 수 있다.

반면, 상경계열을 준비하고 있는 경우 사회경제동아리를 만들어서 학생이 거주하고 있는 지역의 불균형을 개선하는 내용으로 소논문을 쓰고 정책제안서 등을 준비한다면 이는 전공적합성과 함께 자기주도성 모두를 확보할 수 있는 좋은 학생부가 될 수 있다.

결국 교과 및 비교과의 모든 활동을 통해 학생이 희망하는 진로에 대한 전공적합성과 자기주도적 측면이 다른 학생들에 비해서 차별점을 갖고 있는지, 학생만의 차별화된 브랜드(콘텐츠)가 있는지가 가장 중요한 부분이다.

대입 합격을 위한 학생부종합전형의 3가지 절차

학생부종합전형의 3가지 절차는 학생기록부, 자기소개서, 면접이다. 필자는 위 3가지에 대해 학생과 학부모 입장에서 보다 쉽게 이해할 수 있도록 설명하고자 한다.

첫 번째, 학생기록부는 다양한 색상과 크기의 구슬로 비유할 수 있다. 각각의 구슬은 학생이 학교에서 수행한 동아리, 봉사, 진로, 독서 등 교내의 모든 개별 활동이다. 이 중에는 전공과 직접적으로 밀접한 활동도 있고, 교양을 위해 필요한 활동들도 있다. 이렇듯 다양한 형태의 활동이 존재한다.

두 번째, 자기소개서는 학생기록부에 기재된 다양한 형태의 구슬 중에서도 희망하는 대학 및 전공분야에서 원하는 인재상에 맞는 색상의 구슬들을 엮어서 만든 목걸이와 같다. 학생이 동일한 계열의 전공으로 지원한다고 하더라도 지원 학교 및 학과의 세부 전공에 따

라 인재상이 달라질 수 있다.

가령 A대학에서는 학생의 글로벌역량을 강조하고 B대학에서는 리더십을 강조한다면, 동일한 전공이라 할지라도 각 대학의 세부적인 인재상에 맞추어 자기소개서라는 목걸이를 완성해야 한다. 서울대학교 기계공학과에서 황금색 인재상을 원한다면 황금빛을 내는 구슬을 모아서 황금색 목걸이라는 자기소개서를 완성하면 된다. 이렇게 자기소개서는 일관성 있는 유형의 구슬을 꿰어 만든 목걸이라고 할 수 있다.

세 번째, 면접은 서류평가에서 통과된 학생기록부라는 구슬과 자기소개서라는 목걸이가 진품인지 가품인지 가려내는 감정평가라고 할 수 있다. 많은 학생과 학부모가 면접은 학생이 말을 얼마니 잘하는지, 스피치 역량이 얼마나 좋은지에 대한 평가가 크다고 생각한다. 가장 중요한 평가 요소는 제출된 학생기록부와 자기소개서에 기재된 내용이 사실인지를 판별하는 진위성 여부이다.

만약 의예과를 지원한 학생이 있다고 가정하자. 학생은 교내의학

동아리에서 '청소년 우울증에 관한 연구'라는 주제로 소논문을 작성했다. 이에 대한 내용이 학생기록부와 자소서에 명시가 되어 있을 경우 면접관이 "○○○ 학생, 청소년 우울증에 관한 연구라는 주제로 소논문을 작성을 하면서 가장 인상 깊게 느낀 점이 무엇인가?"라고 질문을 했다고 하자.

만약 학생이 실제로 참여하지 않았다고 한다면 학생은 그 질문을 받자마자 눈빛이 흔들리면서 얼굴 표정이 변할 것이다. 주제에서 벗어난 이야기를 할 가능성도 높다. 이러한 경우, 입학사정관은 그 학생이 실제로 참여하지 않았다는 사실을 충분히 인지하게 되며 면접 평가에서 좋은 성적을 기대하기 어려워진다.

실제로 참여한 학생의 경우 "미국, 일본과 같은 선진국에서는 성인 우울증 진단표와는 별도로 청소년들만의 우울증 진단표가 준비가 되어 있다. 반면, 우리나라는 성인 우울증 진단표를 가지고 동일하게 청소년 우울증 진단표로 사용하고 있다. 청소년 우울증 진단이 선진국에 비해 부정확 할 수 있다는 것을 알았다. 따라서 우리나라도 주요 선진국과 같이 청소년들만의 우울증 진단표를 별도로 만들어서 우울증 진단에 적용한다면 청소년 우울증 진단의 정확도를 보다 높일 수 있을 것 같다고 생각한다"라고 답변했다면 이 학생은 전공 관련 분야의 활동에 대해 자기주도적으로 참여한 학생이라고 평가될 수 있을 것이다.

학생기록부, 자소서, 면접 이 세 가지 중 그 어느 것도 중요하지 않은 요소가 없다. 비유로 설명한 학생부-구슬, 자소서-목걸이, 면접-

감정평가에 대한 의미를 잘 기억하고 모두 균형 있게 잘 준비해나갈

수 있도록 하자.

학생부종합전형에서 비교과 결과물의 반영 프로세스

비교과 결과물은 학생이 희망하는 진로와 전공계열에 따라 다양한 유형으로 존재할 수 있다. 이 중에서 대표적인 몇 가지를 이야기하자면 R&E보고서, 소논문, 발명, UCC 등이 있다. 안타까운 사실은 많은 학생들이 하나의 비교과 결과물을 만드는 데 많은 노력을 기울이면서 이것이 생활기록부에 반영되는 경우가 많지 않다는 것이다. 왜 이러한 일이 발생하는 것일까?

첫째, 학교별로 학생기록부 기재 프로세스에 차이가 있다. 물론 학생기록부를 기재하고 최종 컨펌을 하는 것은 해당학교 교사의 권한이다. 그러나 담임교사의 경우 한 학급인원이 30~40명인 학생들의 모든 상황을 다 기억하고 일목요연하게 작성하기란 현실적으로 불가능하다. 교과 강의 이외의 기타 행정업무 등 산적한 일들을 처리하느라 시간이 많이 부족한데다, 학생 개개인에 따라 세부적인 관

심을 주고 관리하는 것은 한계가 있기 때문이다.

하나고, 외대부고, 상산고 등 상위권 자사고에서는 학교생활기록부에 기재되는 기본적인 내용들을 먼저 학생이 작성을 하게 한다. 그 뒤 담당 교사가 컨펌을 하고 수정 보완하는 방식으로 학생기록부를 관리하고 있다. 많은 학생들이 자신이 활동한 모든 내용들을 세부적으로 기록할 수 있고 비교과 로드맵에 대한 체계적인 관리가 가능해진다. 실제로 다른 일반고에 비해서 낮은 내신 성적인에도 불구하고 서울 상위권 대학에 많은 합격자를 배출하고 있다.

따라서 일반고에서도 이러한 자사고 학생기록부 관리 방식의 장점을 적용해서 80%의 시대로 다가온 수시(학생부종합전형)에 대비해야 한다.

둘째, 학생과 교사와의 관계에 대한 차이이다. 학생이 많은 활동

● 특허 등 교외 활동 실적 반영 가능한 대학 및 전형 소개

대학교	전형명
	서울대학교 일반전형
KAIST	KAIST 특기자전형(2017학년도 신설)
POSTECH	POSTECH 창의IT인재전형
	연세대학교 특기자전형 IT명품인재계열
	고려대학교 특별전형 국제인재, 고려대학교 특별전형 과학인재
	서강대학교 학생부종합 자기주도형, 서강대학교 알바트로스 특기자전형(외국어특기자, 수학과학특기자, Art & Tech.)
	이화여대 어학특기자전형, 수학과학특기자전형, 국제학특기자전형

을 하고 좋은 결과물을 산출했다고 가정하자. 그런데 그 학생이 담임교사 또는 교과담당 교사와의 인간적인 관계가 좋지 않다고 하면 정성적인 관점으로 그 학생의 장점을 100% 어필해서 기재해주기란 어려운 부분이 있다.

중요한 것은 학생의 인성이다. 담임교사 또는 교과목 담담 교사와의 관계, 학급 또는 동아리 학생들과의 관계적 인성이다. 성적이 상위권인 학생이라도 자기밖에 모르는 인성을 가지고 있는 학생이라면 담당 교사는 학생기록부에서 인성적 측면에 좋은 기재가 어려울 것이다. 반대로 성적이 부족해도 학교 내에서 나눔, 배려, 헌신 등이 몸에 배어있는 학생의 경우 훌륭한 인성적 평가를 통해 좋은 대학 입학 결과를 보게 되는 경우도 많이 있다.

특별히, 여기서 특허출원은 일종의 교외실적으로 인정하기 때문

에 학생기록부에는 직접적으로 기재는 어렵지만 발명 또는 아이디어라는 방식으로 학생기록부에 기재가 가능하다. 자기소개서에는 희망하는 진로 및 전공 분야와 연관하여 기재가 가능하기 때문이다. 이공계 진로를 준비하는 학생 또는 상경계열을 준비하는 학생이라면 발명 특허출원도 적극적으로 준비하는 것이 좋다. 이렇게 준비된 발명 특허 등의 교외 실적도 각 학교별로 모집하는 특기자전형 등에 지원을 할 수 있으니 참고하기 바란다.

준비된 비교과 결과물들은 생활기록부의 창의적 체험활동, 교과 학습발달상황, 행동특성 및 종합의견 등 다양한 항목에 기재될 수 있다. 자기소개서에는 이 많은 내용들 중에서 문항별 질문에 적합한 소재와 스토리를 끄집어내어 작성한다.

많은 학생과 학부모가 오해하는 사실이 있다. 무조건 자신의 장점만을 부각하고 나열하는 방식이 좋은 자소서라는 인식이다. 단순히 훌륭한 실적만을 나열하는 것보다는 비록 실패했던 활동이라 하더라도 그 활동을 통해서 자신이 느끼고 배웠던 사실 또는 학교나 가정에서 어려웠던 일들에 대해 어떻게 극복했는지에 대한 측면으로 부각을 시켜보자. 역경극복 스토리로 인정되어 평가지로부터 좋은 점수를 받을 수 있을 것이다.

CHAPTER 4

명문대 합격하는
학생기록부
관리 전략

학생기록부 작성 항목별 내용에 유의하라

학생기록부에서 첫 번째로 기억해야 할 부분은 바로 항목별 최대 글자 수이다. ❶번 인적 사항부터 ❿번 행동특성 및 종합의견까지 모든 항목별 최대 글자 수를 모두 기억하면 좋겠지만 그것이 힘들다면 최소한 ❻진로희망 사항 200자, ❼창의적 체험활동 500~1,000자, ❽교과학습발달상황 과목별로 500자, ❿행동특성 및 종합의견 1,000자 등 중요한 항목의 최대 글자 수는 기억하는 것이 중요하다.

필자는 지난 4년 동안 1,200여 명의 학생에 대한 상담과 학생기록부 분석을 해왔다. 고등학교 3년 동안 위의 항목별 글자 수를 기준으로 관리를 잘 해온 학생과 그렇지 않고 임의적으로 관리한 두 학생을 비교해보면, 학생기록부 관리를 잘 하지 않은 학생의 경우 학생기록부의 분량이 총 15페이지 내외, 학생기록부를 잘 관리한 학생의 경우 학생기록부 분량이 40페이지까지 있을 정도였다. 학생마다 학

학생 기록부

1 인적 사항
2 학적 사항
3 출결 사항
4 수상 실적
5 자격증 및 인증취득 상황
6 진로희망 사항
7 창의적 체험활동 (자율, 동아리, 봉사, 진로)
8 교과학습발달상황
9 독서활동상황
10 행동특성 및 종합의견

영역	세부항목	최대 글자 수 (한글 기준)	비고
1. 인적 사항	학생 성명	20자	영문 60자
	학부모 성명	15자	영문 55자
	주소	300자	
	특기 사항	500자	
2. 학적 사항	특기 사항	500자	
3. 출결 상황	특기 사항	500자	
4. 수상경력	수상명	100자	
	참가대상(참가인원)	25자	
5. 자격증 및 인증취득 상황	명칭 또는 종류	100자	2010학년도 이후는 고등학교만 해당
6. 진로희망 사항	희망사유	200자	
7. 창의적 체험활동 상황*	자율활동 특기 사항	1,000자	
	동아리활동 특기 사항	500자	
	봉사활동 특기 사항	500자	
	진로활동 특기 사항	1,000자	
	봉사활동실적 활동내용	250자	
8. 자유학기활동	진로탐색활동 특기 사항	1,000자	중학교만 해당
	주제선택활동 특기 사항	1,000자	중학교만 해당
	예술·체육활동 특기 사항	1,000자	중학교만 해당
	동아리활동 특기 사항	1,000자	중학교만 해당
9. 교과학습발달상황*	일반과목 세부능력 및 특기 사항	과목별 500자	고등학교 전문교과II 능력단위별 500자
	개인별 세부능력 및 특기 사항	500자	
	예체능과목 특기 사항	과목별 500자	
	개인별 특기 사항	500자	
10. 독서활동상황	공통	1,000자	
	과목별	500자	

생부의 분량에도 차이가 많이 나는 것을 볼 수 있다.

학생기록부의 페이지 수가 많다고 무조건 잘 기재된 학생기록부라고 볼 수는 없다. 다만 재미있는 사실은 학생기록부의 페이지 수가 많은 학생기록부의 내용이 그렇지 않은 학생에 비해서 전공적합성과 자기주도성 등 여러 평가적 관점에서도 양질의 내용으로 기재된 경우가 많다.

이제 학생의 학생기록부를 보자. 현재 몇 학년이며 몇 페이지 정도 기재가 되었는가? 지속적으로 준비가 됐을 경우 3-1학기 8월을 기준으로 총 몇 페이지의 학생기록부가 될지 예상해보고 지금부터 부족한 부분들을 채워가는 것이 필요하다.

인적 사항

학생기록부의 첫 번째 항목은 인적 사항이다. 인적 사항에는 학생, 학부모의 성명, 이름, 생년월일 등에 대한 내용과 특기 사항 등으로 구성되어 있다. 특기 사항에는 학생의 인적 사항에 대한 특이 사항을 기재할 수 있는데, 그 사실이 학생의 평가에 있어서 부정적인 영향을 줄 수 있다고 판단되면 입력하지 않을 수 있다.

| 인적 사항

❶ 학생	성명 : 주소 :	성별 :	주민등록번호 :
❷ 가족 부	성명 :	생년월일 :	
상황 모	성명 :	생년월일 :	
❸ 특기 사항			

❸ 특기 사항
• '특기 사항'란에 학생에게 부정적 여향을 줄 수 있는 것은 입력하지 않을 수 있다.
• '특기 사항'란의 입력과 관련한 본인과 보호자의 동의 서식·절차 등은 학교장이 정한다.

학적 사항

학생기록부의 두 번째 항목은 학적 사항이다. 고등학생인 경우는 언제 어느 중학교를 졸업했는지, 언제 어느 고등학교에 입학했는지가 기재된다. 만약 학생이 한 고등학교를 입학했는데 다른 고등학교로 전학을 갔다면 이 사항도 학적 사항에 기재된다.

일반적으로 ❶인적 사항, ❷학적 사항은 입학사정관에 의해서 참고를 하는 항목이지만 직접적으로 평가에 반영되는 항목은 아니다. 그러나 전학을 갔다면 면접 시 왜 전학을 가게 되었는지에 대해 질문이 나올 수 있으므로 이 부분에 대해 자신만의 분명한 소명이 필요하다.

만약 학생이 외국어고등학교에 입학을 했는데 1학년 1학기 성적이 생각보다 많이 좋지 않아서 내신 성적의 관리를 위해 다른 일반 고등학교로 전학을 갔다고 하자. 이러한 사실에 대해 면접관이 질문을 할 수 있다. 내신 성적 관리를 위해 전학을 갔다는 직접적인 이유보다는 자신의 진로와 전공과 연관된 프로그램이 학교 내에 준비가 되지 않아서 해당 프로그램이 잘 개설이 되어 있는 다른 학교로 전학을 갔다는 방식으로 설명을 하는 것이 좋다. 오히려 희망 진로를 준비하기 위한 자기주도적 측면을 어필하는 기회가 될 수 있다.

| 학적 사항

❶	년	월	일	중학교 제3학년 졸업
	년	월	일	고등학교 제1학년 입학
❷특기 사항				

| 이민의 경우

2014년	02월	17일	□□중학교 제3학년 졸업
2014년	03월	04일	□□중학교 제1학년 입학(2014년 07월 18일 면제)
2016년	08월	27일	○○중학교 제3학년 재취학
특기 사항			

출결 사항

❸출결 사항이다. ❶인적 사항, ❷학적 사항이 참고 사항이라면 ❸ 출결 사항부터는 직접적으로 평가에 반영이 되는 항목이다. 우선, 가

| 출결 상황

학년	❶수업일수	❷결석일수			지각			조퇴			결과			❸특기 사항
		질병	무단	기타	질병	무단	기타	질병	무단	기타	질병	무단	기타	
1														

| 3년간 개근의 경우

학년	❶수업일수	❷결석일수			지각			조퇴			결과			❸특기 사항
		질병	무단	기타	질병	무단	기타	질병	무단	기타	질병	무단	기타	
1														개근
2														개근
3														개근

능하다면 3년간 개근을 하라. 건강한 신체를 바탕으로 공동체 규율에 준수하는 공동체적 성실성에 대해 인정받을 수 있는 좋은 평가 요소이다.

무단은 출결 사항에서 절대로 하지 말아야 한다. 무단 결석은 어떠한 경우에도 합리화될 수 없다. 아무리 좋은 성적과 활동을 갖고 있는 학생이라 할지라도 무단 결석 3일 이상이면 대학 측에서는 공동체적 성실성 부분에 있어서 매우 낮은 평가를 반영하기 때문이다. 사실상 합격이 매우 제한될 수 있다. 무단 지각, 무단 조퇴, 무단 결과도 당연히 하지 말아야 한다. 이것들이 총 3개 이상인 경우 무단 결석 하루로 인정되기 때문이다. 학생에게는 의도치 않은 곳에서 치명적인 결과를 가져올 수 있다.

만약 버스를 타고 등교하는 중 버스가 사고가 나서 지각하게 될 것 같다면 우선 담임교사에게 전화를 해야 한다. 상황을 이야기하면 무단 지각이 아닌 기타 지각으로 기재되고 특기 사항에 지각 사유를 기재할 수 있다. 담임교사가 전화를 받지 못하는 상황이라면 문자를 남겨서 무단으로는 남지 않도록 관리하는 것이 중요하다.

대학의 합격을
높여주는
수상 실적

교내 수상은 학생의 희망 진로와 전공과 연관된 수상실적이 많은 것이 좋다. 수상 등급이나 수상 횟수가 많은 것보다는 수상에 관련된 비교과 활동 등이 학년이 갈수록 심화 발전되어 가는 부분이 더 중요한 평가요소이다.

많은 학생들이 대회에 여러 차례 도전을 했지만 교내 참여 학생의 20% 이내로 제한되어 있는 교내 수상 기준 때문에 수상을 하지 못하는 경우가 많다. 그렇다고 해서 대회 출전을 소홀히 해서는 안 된다.

자신의 희망 진로와 연관된 대회라고 한다면 그 대회를 최우선 순위로 삼아서 최선을 다해야 한다. 수상을 하게 되면 학생기록부의 4번 수상 실적에 기재할 수 있다. 수상이 되지 않더라도 좌절하거나 의기소침해할 필요는 없다.

대회에 참여를 위해 준비했던 발명품, 소논문, 탐구보고서, 기획

● 수상 등급이나, 수상 횟수 보다는 수상 분야와 지속 심화 발전 사항이 더 중요함

비교과 결과물		
1 R&E 보고서	5 각종 교내대회	
2 연구 소논문	6 창의·발명	
3 포트폴리오	7 특허출원	
4 탐구/토론대회		

학생 기록부		
1 인적 사항	4 수상 실적	8 교과학습발달상황
2 학적 사항	5 자격증 및 인증취득	9 독서활동상황
3 출결 사항	7 창의적 체험활동 (자율, 동아리, 봉사, 진로)	10 행동특성 및 종합의견
6 진로희망 사항		

4. 수상 실적

구분	수상명	등급(위)	수상연월일	수여기관	참가대상(참가인원)
교 내 상	교과우수상 (국어Ⅰ, 사회, 기술가정)		2016.07.15	○○학교장	수강자
	교과우수상(상업경제, 프로그래밍 실무)		2016.07.14	○○학교장	1, 2학년 중 수강자
	1년 개근상		2017.02.12	○○학교장	1학년(410명)
	선행상		2016.05.12	○○학교장	2학년(350명)
	표창장(효행부문)		2016.05.15	○○학교장	전교생(1200명)
	고무동력기날리기대회	금상(1위)	2016.05.20	○○학교장	1학년 중 참가자(38명)
	독후감쓰기대회	장려상(3위)	2016.05.30	○○학교장	1·2학년(720명)
	정보통신대회(정보검색부문)	대상(1위)	2016.06.04	○○학교장	전교생 중 참가자(185명)
	컴퓨터기능대회(문서작성부문)	우수상(2위)	2016.09.15	○○학교장	전교생(1200명)
	○○축전우수작품(시화부문)	우수상(2위)	2016.10.20	○○학교장	전교생(1200명)
	논술능력평가시험	1위	2016.04.17	○○학교장	1학년(410명)
	동아리발표대회 (포트폴리오부문, 공동수상, 5인)	우수상(2위)	2016.11.17	○○학교장	1·2학년 참가동아리(95명)
	기능대회(웹프로그래밍부문)	최우수상(1위)	2016.12.22	○○학교장	△△과□□과(355명)
	자동차정비기능대회 (공동수상, 2인)	장려상(3위)	2016.05.24	○○학교장	1·2·3학년 ○○과(655명)
	학생토론대회(공동수상, 3인)	우수상(2위)	2016.09.30	○○학교장	전교생 중 참가자(60명)

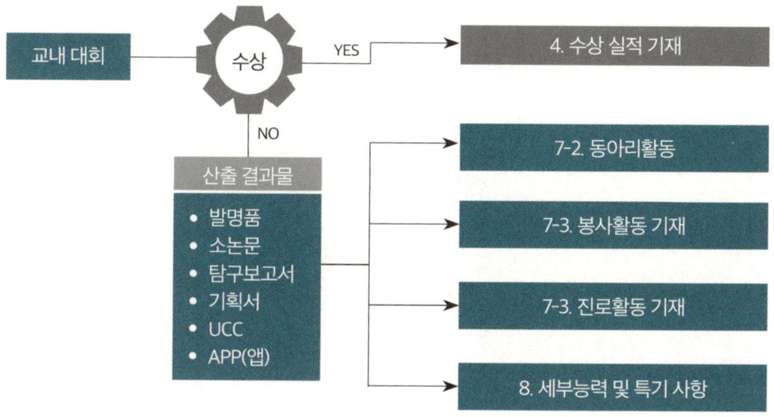

서, UCC, 앱(APP)과 같은 산출 결과물은 학생의 동아리, 봉사, 진로
활동이나 교과학습발달상황의 세부능력 및 특기 사항에 기재할 수
있다는 점을 놓쳐서는 안 된다.

진로에 맞는 자격증 및 인증 취득

자격증 인증 및 취득사항에서 이공계열 학생들에게 추천할 수 있는 자격증은 거의 없다. 인문계열 학생들의 경우에는 4가지 자격증을 적극 추천한다. 첫째, 한국경제신문사의 경제이해력검증시험(TESAT), 둘째, 매일경제신문사의 경제경영이해력인증시험(매경TEST), 세 번째는 KBS한국어능력시험, 마지막으로 한국실용글쓰기검정시험 등이다.

만약 학생이 경제학과, 경영학과 등의 상경계열을 희망한다고 하면 한경TESAT와 매경TEST를 준비하는 것을 권장한다. 어문계열이나 언론계열 전공을 희망한다면 KBS한국어능력시험이나 한국실용글쓰기검정시험을 권장한다.

외국어고등학교에서는 입학하는 대다수의 학생이 상경계열이나 어문, 언론계열을 준비하는 학생들이기 때문에 입학 전부터 4가지

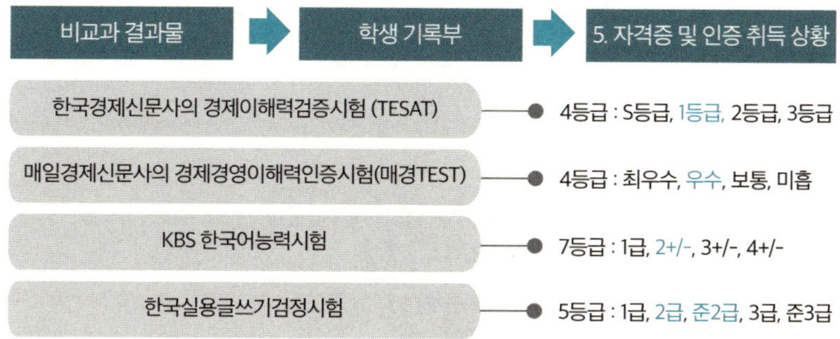

자격증 시험을 준비하는 프로그램이 운영되기도 한다.

나에게 적합한 자격증이 무엇인지 잘 고민해서 ❺자격증 및 인증 취득 상황 항목에 기재될 수 있다면 이 또한 나만의 차별화된 경쟁력이 생기는 것이다.

구체화, 성숙화가 필요한 진로희망 사항

진로희망 사항에서 가장 중요한 것은 학년이 올라갈수록 진로 분야에 대한 구체화와 성숙화가 나타나야 한다는 것이다.

의학계열로 준비하는 학생의 경우 1~3학년 모두 의사로 기재하는 것보다는 1학년 의사, 2학년 외과의사, 3학년 흉부외과의사 등으로 학년에 따라 구체화되어 가는 방향이 중요하다.

공학계열 학생의 경우에는 1학년 공학자, 2학년 기계공학자, 3학년 자동차연구원 등으로 기재를 하는 게 좋고, 상경계열을 희망하는 학생은 1학년 경영인, 2학년 전문경영인, 3학년 무역회사 CEO처럼 기재할 수 있다. 학년이 올라갈수록 본인의 진로에 대한 지속적인 탐색을 통해 방향이 구체화되는 기재가 좋은 평가를 받는다.

1학년 때 의사라고 기재한 학생이 내신 성적 및 여러 가지 이유들로 인해서 2학년 때 연구원으로 진로가 스위칭되는 경우도 있다. 이

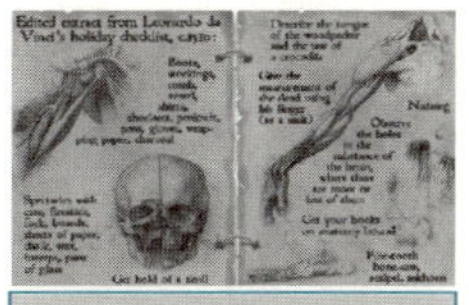

의학계열	
1학년	의사
2학년	외과의사
3학년	흉부외과의사

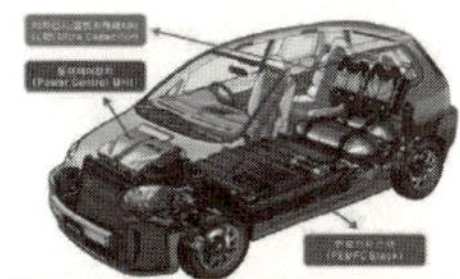

공학계열	
1학년	공학자
2학년	기계공학자
3학년	자동차연구원

상경계열	
1학년	경영인
2학년	전문경영인
3학년	무역회사 CEO

러한 경우에는 어떻게 하는 것이 좋을까?

가장 중요한 포인트는 최초의 진로와 변경된 진로와의 공통분모를 찾는 것이다. 만약 1학년 때 의사, 2학년 때 연구원으로 기재를 했다면 3학년 때는 의사와 연구원의 공통분모인 의공학연구원 등으로 자신의 진로희망 사항을 기재하는 것이다. 진로가 스위칭되는 경우 면접 시 진로가 변경된 이유에 대해 질문하는 경우가 많기 때문이다. 진로 변경에 대한 타당한 근거와 이유를 소명한다면 진로 스위칭이 오히려 좋은 평가로 반영될 수도 있다.

진로희망 사항과 함께 중요한 포인트가 진로희망 사유이다. 진로희망 사유는 최대 200자까지 기재가 가능하지만 대부분 100자 내외에서 작성하는 경우가 많다. 200자도 진로희망 사유를 구체적으로 작성하기에는 부족한 분량인데 단순히 자신의 흥미 사항만 나열하는 것으로 그치고 만다. 이러한 기재 방식은 매우 부적절하다. 진로

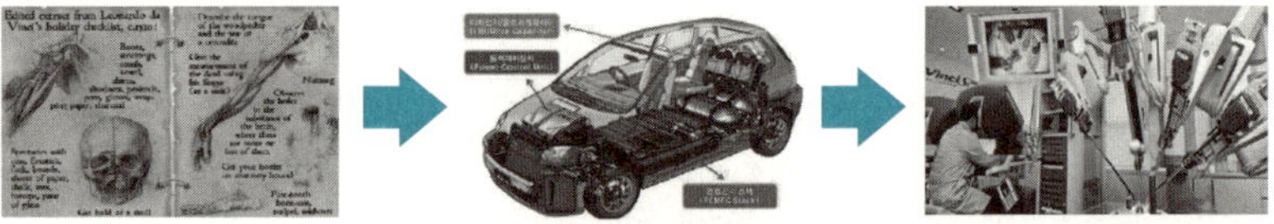

의학계열	
1학년	의사
2학년	외과의사
3학년	흉부외과의사

희망 사항 기재 시에는 활동적 계기, 지적 동기, 정서적 동기가 모두 작성이 되어야 한다. 학생이 해당 진로를 선택함에 있어서 필요한 지·정·의가 종합적인 관점에서 기술되도록 하는 것이 중요하다.

첫째, 활동적 계기를 통해 내가 어떠한 계기로 이러한 진로를 선택하게 되었는지에 대한 부분이 필요하다. 의사에 대한 진로를 선택하는 경우 '어렸을 적부터 의사이신 아버지의 영향으로…'로 시작하는 진로희망 사유를 많이 보게 된다. 이는 자신의 실제적인 희망 계기보다 오히려 자신의 부유한 환경을 노출하는 경우로 보일 수 있기 때문에 활동적 계기로 부적절하다. 대신, 의료봉사활동이나 독서 등 학생이 충분히 가능한 수준에서 진로의 계기를 설명하는 것이 중요하다.

둘째, 지적인 동기이다. 희망진로 분야에 관련된 독서, 체험, 탐구 등의 활동을 통해서 이 분야에 대한 실제적인 흥미와 적성을 찾을 수 있었다고 하는 내용이 필요하다. 가능하다면 학생이 동아리나 봉사 활동 등에서 수행한 실제 산출물과 연관성을 지어 가는 게 중요하다.

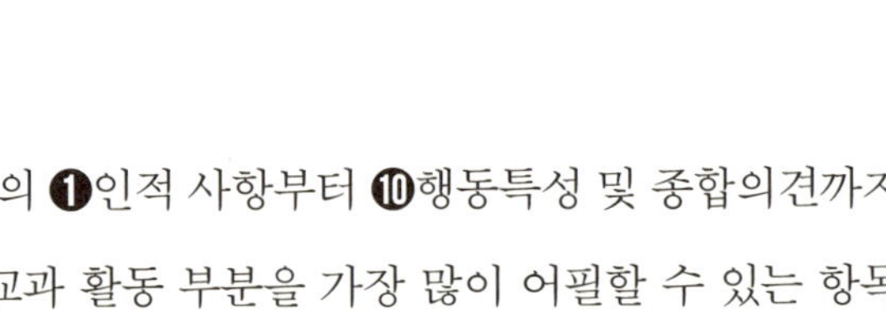

학생기록부의 ❶인적 사항부터 ❿행동특성 및 종합의견까지의 항목 중에서 비교과 활동 부분을 가장 많이 어필할 수 있는 항목은 ❼창의적 체험활동 영역이다. 창의적 체험활동에는 크게 자율활동, 동아리활동, 봉사활동, 진로활동이 있다. 이 중 어느 것 하나 소홀히 해서는 안 된다. 창의적 체험활동을 구성하는 4가지를 '자·동·봉·진'으로 기억하면 보다 쉽게 기억할 수 있으며 관리가 용이해질 수 있다. '자·동·봉·진'으로 기억하는 습관을 가지도록 하자.

앞으로 지속되는 내용에서 자율활동, 동아리활동, 봉사활동, 진로활동 각각에 대한 평가적 관점에서의 세부적인 의미와 많은 학생들이 창제 항목별로 기재되고 있는 방식은 어떠한지 그리고 성공적으로 관리한 학생들의 사례를 인문사회, 이학, 공학, 의학생명, 상경계열 등의 진로에 따라 구분하여 설명하도록 하겠다.

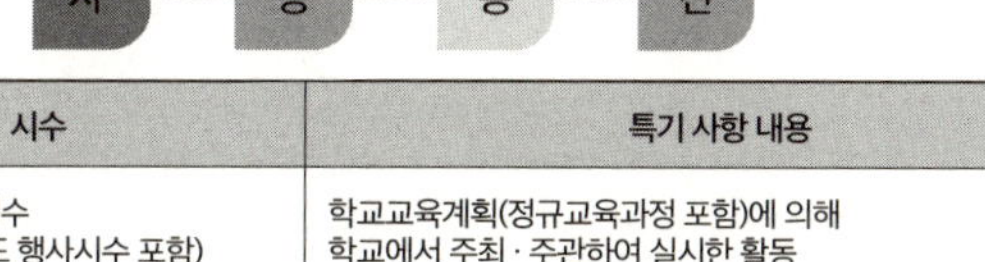

영역	시수	특기 사항 내용
자율활동	정규교육과정 시수 (행사활동은 별도 행사시수 포함)	학교교육계획(정규교육과정 포함)에 의해 학교에서 주최·주관하여 실시한 활동
동아리활동	정규교육과정 시수 (정규교육과정 이외 학교스포츠클럽활동 포함)	정규교육과정 동아리활동 (정규교육과정 내 학교스포츠클럽 활동 포함), 정규교육과정 이외 학교스포츠클럽활동, 학교장이 승인한 학교교육계획 이외의 청소년단체활동, 학교교육 계획에 의한 자율동아리활동
봉사활동	학교교육계획과 개인계획 시수	체계적이고 지속적인 봉사활동 등 특기할 만한 내용
진로활동	정규교육과정 시수	학교교육계획에 의해 학교에서 주최·주관하여 실시한 진로활동과 관련된 사항, 진로지도와 관련된 상담 및 권고 내용

창의적 체험활동은 학생이 희망하는 진로 방향에 따라 어떤 영역에 더 집중해야 할지가 달라질 수 있다. 사회복지학과를 준비하는 학생이라면 봉사활동 부분에 집중해야 한다. 이학이나 공학계열을 준비하는 학생이라면 과학관련 동아리활동이나 교과목활동을 통해서 관련 소논문이나 탐구활동 등에 집중을 하는 것이 좋다.

이제 학생이 희망하는 진로를 염두에 두면서 앞으로 설명되는 여

● 활동 자체 보다는, 무엇을 배웠으며, 이를 통해 의미있는 결과물로 연계했는가가 중요!

비교과 결과물

1	R&E 보고서	5	각종 교내대회
2	연구 소논문	6	창의 · 발명
3	포트폴리오	7	특허출원
4	탐구/토론대회		

학생 기록부

1	인적 사항	4	수상 실적	8	교과학습발달상황
2	학적 사항	5	자격증 및 인증취득	9	독서활동상황
3	출결 사항	7	창의적 체험활동 (자율, 동아리, 봉사, 진로)	10	행동특성 및 종합의견
6	진로희망 사항				

7-1. 자율활동

영역		세부활동 내용
자율활동	적응활동	입학, 진급, 전학, 기본생활습관 형성, 축하, 친목, 사제동행, 학습 · 건강 · 성격 · 교우 등의 상담활동 등
	자치활동	학급회, 학생회 협의활동, 모의 의회, 토론회, 자치법정 등
	행사활동	시업식, 입학식, 졸업식, 종업식, 전시회, 발표회, 학예회, 경연대회, 학생건강체력평가, 체육대회, 수련활동, 현장학습, 수학여행, 문화답사, 국토순례 등
	창의적 특색활동	학생 · 학급 · 학년 · 학교 · 지역특색활동, 학교전통수립 · 계승활동 등

학년	창의적 체험활동 상황		
	영역	시간	특기 사항
	자율활동	28	학급 반장(2015.03.01 – 2016.02.29)으로서 책임감과 봉사정신을 가지고 급우들의 의견을 존중하여 학급 문제를 해결하며 학급 전체의 인화를 위해 노력함. **학교폭력예방 다짐결의대회(2015.04.05)에서 예방방안에 대해 학급대표로 발표하였으며**, 흡연예방교육(2015.06.14) 동영상을 시청한 수 교내에서 실시한 **흡연예방 캠페인에 직접 참여하여** 학생들에게 적극 홍보함 학교 축제(2015.11.10)에서 **사물놀이 공연에 참가하여** 자신의 재능과 끼를 보여줌

러 가지 창의적 체험활동의 사례를 보고 나에게 적합한 활동이 어떤 것이 있을지 함께 알아보도록 하자.

자율활동

창의적 체험활동 중의 첫 번째 항목인 자율활동에 대해서 설명하겠다. 교과학습, 자율활동, 동아리, 봉사, 진로활동 등 특별한 성격을 가지고 있는 활동을 제외한 대부분의 활동은 모두 자율활동에 포함된다. 입학식, 졸업식, 체육대회, 강연회 같은 것들이 있다. 즉, 학교에서 하는 대부분의 공동체적 활동은 자율활동으로 생각하면 된다.

자율활동은 생활기록부상에 무려 1,000자까지 기재가 가능하지만 자율활동의 기재내용으로 학생의 학업 역량이나 잠재 역량에 대해서 어필하는 경우가 상대적으로 낮다. 예를 들어 '교내에서 주최하는 성폭력 예방교육에 참여하여 ○○○를 느꼈음'이라든지, '○○○ 상연회에 참석하여 ○○○를 느꼈음' 정도로 기재되는 것이 일반적이다. 이러한 기재 방식보다는 학생이 참여한 자율활동 내에서 다른 학생과의 차별화된 활동을 어필하는 것이 중요하다.

위의 도표 사례는 강연회에 참여한 활동에 대한 일반적인 형태의 자율활동 기재내용과 그 활동 내에서 학생이 주도적으로 활동한 사항에 대한 기술이 구체적으로 되어 있다. 자율활동은 대부분 공동체적 활동이기 때문에 학생만의 차별화된 활동으로 연계하는 것이 쉬운 일은 아니지만 어떠한 상황에서도 학생 본인이 주도적으로 할 수 있는 포인트를 찾아 그것을 해나간다면 자율활동 안에서도 학생만의 차별화된 포인트를 부각할 수 있다.

일반적으로 가장 많이 하는 자율활동 중에서 강연회가 있는데 대부분 '○○○강연회에 참여하여, ○○○를 느꼈음'으로 끝나는 경우가 많지만, '○○○를 느꼈을 뿐만 아니라, 자신의 꿈과 비전을 위해서 정말 궁금한 부분에 대해서 질문을 주고받음으로 인해 이것을 지켜보는 다른 학생들에게 ○○○ 부분에서 모범이 되었음'과 같이 기재가 되어있다면 학생만의 차별화된 내용이라고 할 수 있다.

시간적인 제약이나 환경적인 문제로 인해서 학생이 강연자에게 직접적인 질문을 하기에 어려운 상황이라면 담당 선생님을 통해 강연 이전이나 이후에 인터뷰 요청을 할 수도 있다. 학생이 강연자와 인터뷰를 하게 될 때는 반드시 인터뷰 질문지를 준비하고 기재한다. 작성한 인터뷰 보고서는 담당교사에게 전달하여 해당 학년 생활기록부의 자율활동란에 기재될 수 있도록 관리하는 것이 좋다.

학생회활동이나 학급활동 등에서도 급식이나 매점, 청소, 학교 축제 등 다양한 자율활동의 영역에서 문제를 창의적으로 풀어갈 수 있는 차별화된 콘텐츠를 준비하는 것이 중요하다. 여기서 만들어진 콘텐츠를 창의적 체험활동의 또 다른 영역인 동아리, 봉사, 진로활동 등으로 심화 연계 발전시켜나간다면 더 좋은 비교과 활동으로 준비할 수 있을 것이다.

동아리활동

창의적 체험활동의 두 번째는 동아리활동이다. 과거 학부모의 학창 시절에서 동아리는 대학에 들어가서야 처음으로 만날 수 있는 낭만과 설렘의 공간이었지만 지금은 더 이상 대학생만의 전유물이 아니다. 중고등학교 학생들도 자신의 흥미와 희망전공과 관련하여 열심히 활동하는 꿈과 비전의 장으로 확산되고 있다.

학생기록부에서 동아리활동은 한마디로 '학생기록부의 꽃이다'라고 표현할 수 있다. 동아리 외의 다른 활동은 이런 저런 제약들이 많이 존재한다. 학교에서 정해진 시간과 장소에서 정해진 규칙에 따라 운영이 되어야 하기 때문에 활동의 깊이와 파급효과가 제한적일 수 있다.

동아리활동은 다른 활동들에 비해 현실적인 제약이 많이 없는 활동 영역이다. 생활기록부에는 교내활동만 기재가 가능하다. 어떠한 교외활동도 인정되지 않고 기재할 수 없다. 그러나 동아리활동으로 이루어지는 모든 활동은 교내, 교외 모두 활용이 가능하기 때문에 희망 진로에 대한 활동을 전략적으로 준비하는 학생들에게는 큰 기회라고 할 수 있다.

예를 들어, 서울 강남구에 있는 모 학교에서는 경제동아리로 학생의 관점에서 본 경제 관련 서적을 출판하였고 이 책은 현재 유명문고에서 출판되고 있다. 출판에 참여한 학생들의 상당수가 서울에 있는 유명 대학에 합격하였다. 이처럼 동아리활동은 학생만의 꿈과 비전을 위한 대표적인 활동으로 활용할 수 있다.

비교과 결과물

1 R&E 보고서	5 각종 교내대회
2 연구 소논문	6 창의·발명
3 포트폴리오	7 특허출원
4 탐구/토론대회	

학생 기록부

1 인적 사항	4 수상 실적	8 교과학습발달상황
2 학적 사항	5 자격증 및 인증취득	9 독서활동상황
3 출결 사항	7 창의적 체험활동 (자율, 동아리, 봉사, 진로)	10 행동특성 및 종합의견
6 진로희망 사항		

7-2. 동아리활동

동아리 활동	학술활동	외국어회화, 과학탐구, 사회조사, 컴퓨터, 인터넷, 신문활용, 발명, 다문화탐구 등
	문화예술활동	문예, 창작, 회화, 조각, 서예, 전통예술, 현대예술, 성악, 기악, 뮤지컬, 오페라, 연극, 영화, 방송 등
	스포츠활동	구기, 육상, 수영, 체조, 배드민턴, 인라인스케이트, 하이킹, 야영, 민속놀이, 씨름, 태권도, 택견, 무술 등
	실습노작활동	요리, 수예, 꽃꽂이, 조경, 사육, 재배, 설계, 목공, 로봇제작 등
	청소년단체활동	스카우트연맹, 걸스카우트연맹, 청소년연맹, 청소년적십자, 우주소년단, 해양소년단 등
	학교스포츠클럽활동	정규교육과정 내에서 이루어지는 중학교 '학교스포츠클럽 활동'과 '정규교육과정 이외의 학교스포츠클럽 활동(방과후 학교스포츠클럽 등)
	또래조력활동	또래 상담, 또래 중재(조정, 중조)

(발명반 : 자율동아리) 과학과 공학에 관련한 기본 개념을 바탕으로 생활속의 불편함을 개선하는 다양한 발명 활동에 적극 참여함.

● (생명과학탐구반)(17시간) 실험 설계 능력과 데이터 분석 능력이 우수하고 실험장비에 대한 기본지식이 풍부하여 평소 부원들에게 다양한 실험장비나 실험방법들을 자세히 알려줌. 특히 전기영동 실험 과정에서 특유의 꼼꼼함과 생물학적 지식이 돋보였고, **과학축제 때 자신의 부스뿐 아니라 해부현미경을 실연하는 다른 부원에게 사용 경험을 바탕으로 많은 도움을 주어 귀감이 됨.**

인문사회, 이학, 공학, 의학생명, 상경계열 각 학생별로 차별화된 동아리의 활동의 사례를 보면서 학생에게 적합한 활동을 앞으로 어떻게 기획하면 좋을지 검토하기 바란다.

역사문화 동아리

역사문화학자를 준비하는 한 학생이 있다. 이 학생은 교내에 역사 동아리를 창설하였다. 가장 먼저 위안부 할머니들에 관한 문제를 실제적으로 조사하여 소논문을 작성하였다. 많은 학생들이 일제 강점기에 아픔을 겪었던 위안부 할머니들의 어려움과 현재 상대국인 일본의 자세, 향후 한일 간의 건강하고 미래지향적인 외교적 발전을 위해 양국이 어떠한 노력을 해야 할지에 대해서 소논문을 작성하였다.

이것을 바탕으로 위안부 할머니의 삶에 대한 내용의 시나리오를 작성하여 학교 축제 때 공연을 하였다. 공연을 지켜보는 많은 교내 학생들은 진한 감동과 아픈 역사에 대한 마음을 공유하는 시간이 되었다.

이것으로 끝난 것이 아니다. 이러한 위안부 할머니에 관한 중요한 문제를 학생 차원에서만 공유하는 것보다 국제사회에 알려야겠다

● 인문사회 계열 : 역사 동아리 ⇨ 소논문(R&E)로 심화 연계 시킨 사례 (미래비전)

역사 동아리에서 위안부에 관한 소논문 작성을 기초로 하여, 학교 축제 공연, UCC제작, 일본측 사과요구까지 **하나의 활동이 또 다른 활동으로 지속적으로 심화 발전**시켜 가면서, 진로전공 분야(역사 콘텐츠)에 적합한 비교과 활동 전개

는 생각을 하였다. 위안부 할머니에 관련한 영상을 UCC로 제작하여 유튜브에 올렸다. 그랬더니 정말 놀라운 일이 생겼다. 유튜브에 올린 지 하루 정도 지난 후에 일본 측 극우 단체로 보이는 남성이 위안부 할머니는 일본군에 의해서 끌려간 것이 아니라 황국신민으로 충성심을 가지고 본인들이 자발적으로 갔다고 하는 말도 안 되는 내용의 반박 영상이 올라온 것이다. 이것을 본 역사 동아리 학생들은 일본 측의 행동을 보고 뜻을 함께하여 방학 기간 중에는 일본 측 사과요구를 하는 집회에 참여하는 활동까지 진행을 하였다.

이 학생의 생활기록부에는 위와 같은 동아리활동이 기재가 되었다. 동아리활동 상황을 작성함에 있어서 단순한 활동의 나열식은 바람직한 기재 방식이 아니다. 동아리활동은 활동적 계기, 활동의 과정/결과, 활동에 임하는 태도에 대한 평가가 기재되는 것이 중요하다. 동아리활동의 기재 내용을 읽어보면 한마디로 '이 학생은 행동하는 역사문화인'이라는 느낌을 받을 수 있다.

동아리활동은 나의 희망 진로와 전공에 대해 내가 얼마나 꿈과 열정이 있으며 이것을 위해 어떠한 노력을 했고 어떠한 결과를 가져왔는지 종합적으로 어필할 수 있는 좋은 기회의 장이다. 학생은 현재 나의 비전이 무엇이며 그것을 내가 소속된 동아리 안에서 어떻게 구체화 시킬지 보다 신중하게 계획해야 할 것이다.

공학발명 동아리

동아리활동의 두 번째는 이공계를 준비하는 학생들이 많은 관심을 가지고 있을 공학발명 동아리의 사례이다.

이 학생의 경우에는 공학발명 동아리 차원에서 친환경에너지에 대한 주제로 과학탐구보고서를 작성하였다. 이것을 바탕으로 친환경 에너지를 활용한 스마트 IT융복합 발전장치에 대한 아이디어를 도출하였다. 그 뒤 실제로 제작하고 실험하여 신제품으로써의 타당성을 검증하였고 향후 실용화를 위한 사업계획서로 심화 연계된 모범적인 동아리활동 사례이다.

발명 아이디어를 도출하는 경우 가장 중요한 요소는 내가 생활 속에서 어떠한 부분에 있어서 불편함을 느꼈으며 그것을 어떠한 창의적인 방법을 통해 해결했는지이다. 위의 학생은 평상시 자전거를 타고 다니면서 스마트폰이 방전되어 긴급한 상황에서 가족이나 친구들에게 연락을 하지 못하게 되는 일을 겪었다. 이러한 경험을 통해 자전거를 타고 있는 동안 발생하는 친환경 에너지원을 가지고 항상

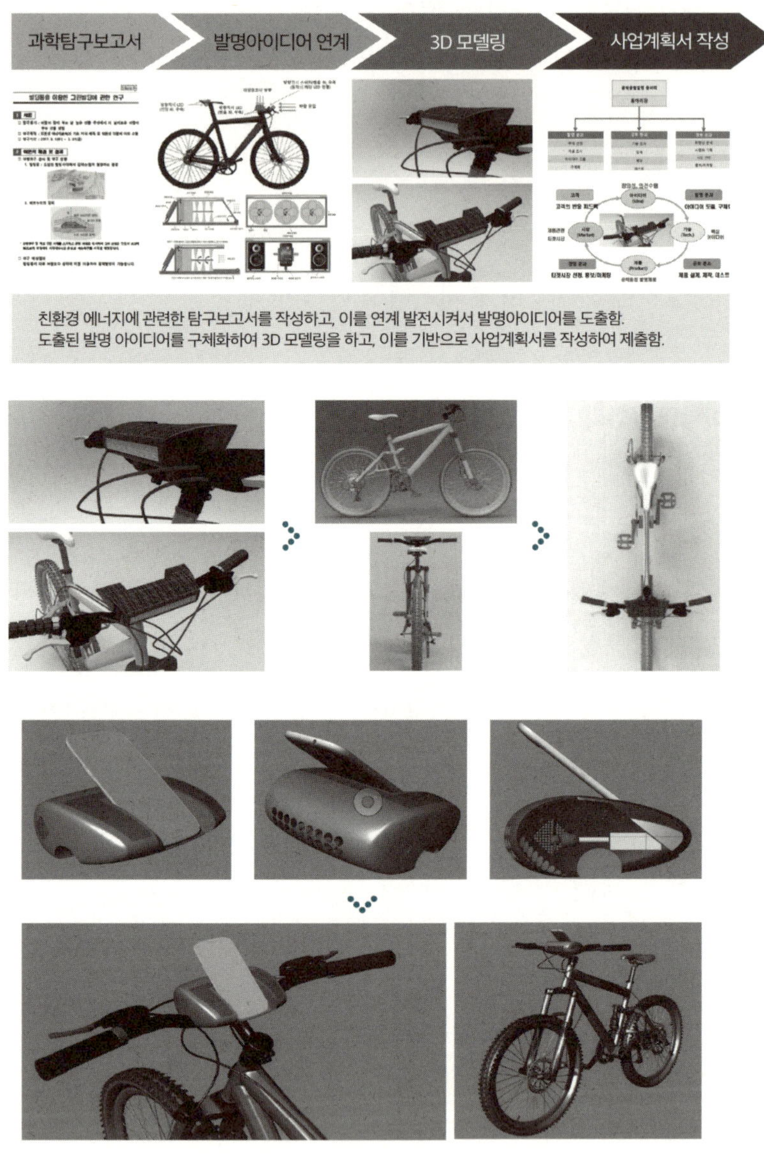

친환경 에너지에 관련한 탐구보고서를 작성하고, 이를 연계 발전시켜서 발명아이디어를 도출함.
도출된 발명 아이디어를 구체화하여 3D 모델링을 하고, 이를 기반으로 사업계획서를 작성하여 제출함.

스마트폰을 충전하는 방법이 없을지에 대해 생각하면서 아이디어를 도출하게 되었다.

간단하게 설명하면 본 발명은 두 가지 에너지원에 의해서 동작을 한다. 자전거가 움직이면서 반작용으로 발생하는 바람에 의한 풍력 에너지와 태양으로부터 조사되는 태양광 에너지원이다. 이 두 가지 에너지원으로 전기를 발생시키고 여기서 얻은 전기 에너지를 충전지에 저장한다. 스마트폰에 충전 단자가 연결되어 있어서 언제 어디서나 자전거를 통해 스마트폰을 충전할 수 있다.

또 운전자가 보기 쉽게 운전대 기운데 스마트폰이 위치해 있기 때문에 자전거용 내비게이션으로도 사용할 수 있다. 스마트폰 거치대 좌우측에는 블루투스 스피커가 있어서 내비게이션이나 음악 등 스마트폰에서 발생되는 모든 소리를 안전하게 들을 수 있는 구조로 되어 있다.

위 내용은 위 학생이 공학발명 동아리활동에 대해 학생기록부의 동아리활동 사항에 기재된 내용이다. 여기서도 활동적 계기, 활동 과정과 결과, 활동에 대한 태도 등 동아리활동에 관한 정량적, 정성적인 측면에서의 태도가 고르게 반영되어 있다.

이 활동 기재사항을 통해 이 학생은 본인이 생활 속에서 겪은 불편함을 창의적인 아이디어로 해소하였다. 단순한 아이디어 차원이 아니라 제작을 하고 상용화를 위해 사업계획서까지 작성했다는 점에서 심화 연계시킨 사실을 잘 알 수 있다. 이러한 부분은 공학연구원을 준비하는 진로적 차원에서 자기주도적 측면과 전공적합성 측면에서 매우 좋은 평가를 받을 수 있는 요소이다.

메디컬융합 동아리

동아리활동의 세 번째 사례는 메디컬 융합동아리이다. 이 동아리는 의학계열과 공학계열, 상경계열을 준비하는 학생들이 모두 참여하여 만든 일종의 융합동아리이다. 의료에 관련한 참신한 아이디어를 가지고 심화 발전시켜서 의료 사업화까지 이루고자 하는 목적으로 창설된 동아리이다.

학생은 요양병원에서 봉사활동을 하면서 거동이 불편한 어르신들이 보행 보조 장치로써 유모차를 몰고 다니는 모습을 많이 목격하였다. 그런데 몇 가지 안정상에 문제가 있음을 발견하였다.

유모차는 원래 아이가 유모차의 시트에 타고 있어야 뒤에서 누르더라도 무게 중심이 균형을 이루어서 평형을 유지할 수 있는데, 아이가 타고 있지 않은 채로 유모차 손잡이를 아랫방향으로 세게 누르니 뒤로 뒤집히는 사고를 보게 되었다. 뿐만 아니라 보통의 유모차는 손잡이에 브레이크가 없다 보니 어르신들이 내리막길이나 빙판길에서 유모차를 몰다가 미끄러지거나 넘어지는 경우도 있었다.

이 학생은 이러한 문제를 해결하기 위해 스마트 보행 보조 장치에 대한 아이디어를 도출하게 되었다. 스마트 보행 보조 장치는 첫 번째, 손잡이 아래에 브레이크 레바가 장착이 되어 있다. 빙판길이나 내리막길에서 위험할 때 브레이크로 제동을 걸게 할 수 있어서 안전하게 보행할 수 있도록 도와준다.

두 번째, 손잡이 측면에 LED가 부착된 우산꽂이가 장착되어 있다. 스마트폰과 블루투스로 연동이 되어 비가 오거나 눈이 오는 등 기상조건이 좋지 않은 날에는 스마트폰을 통해서 자동으로 전달이 된다. 아침에 어르신이 보행 보조 장치를 가지고 나가려고 하는데 LED가 깜박이면서 동작한다면 오늘 기상조건이 좋지 않다는 사실을 알고 우산꽂이에 우산을 꽂고 나갈 수 있도록 안내한다.

세 번째, 본 장치는 별도의 전원선이 필요하지 않다. 시트에 기본적으로 태양광 패널이 부착이 되어 있어서 이동 시 조사되는 태양광을 통해 상시로 전기에너지를 충전할 수 있도록 하였다. 어르신이 다리가 아프거나 쉬고 싶은 경우 태양광 패널을 위로 걷어 올리면 의자처럼 쉴 수 있도록 사용할 수도 있다.

마지막으로, 본 장치는 GPS 등 센서가 장착이 되어 있다. 만약 어르신이 평소에 다녔던 이동 경로를 많이 벗어났다고 판단되면 치매를 의심할 수 있다. 장치가 넘어졌을 경우에는 자이로 센서 등으로

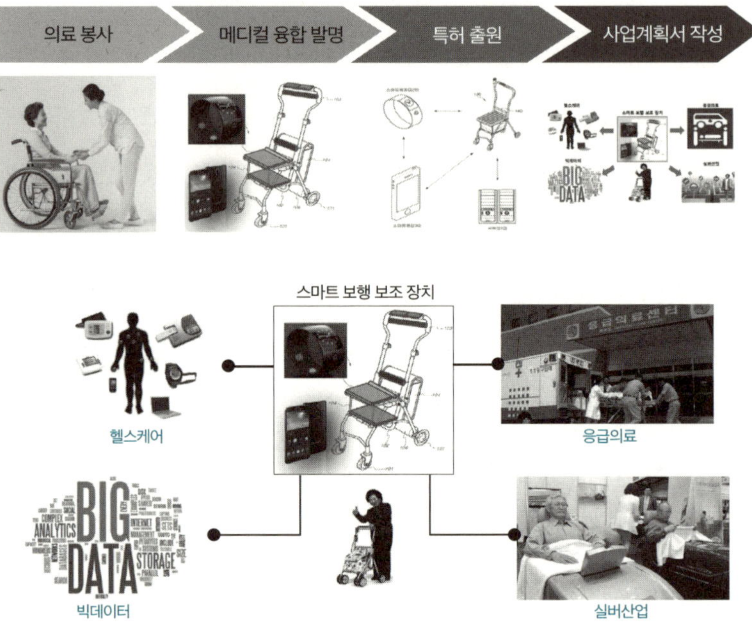

스마트 보행 보조 장치를 이용하여 거동이 불편하신 어르신들에게 보행 거리 및 체온이나 심박수 등의 빅데이터 정보에 기반하여 고객 맞춤형 헬스케어 서비스를 제공할 수 있으며 또한 신체건강 정보 및 보행 경로 등의 정보를 통해서 유사시 응급의료 서비스를 제공하는 등 향후 실버산업의 핵심 요소로 활용될 수 있음

넘어짐을 인식하여 보호자나 응급의료 기관에 전달이 되어서 어르신이 사고로 인한 피해를 최소화 할 수 있도록 도와줄 수 있다.

이렇게 얻어진 수많은 데이터는 서버에 축적되어 실버산업, 빅데이터, 헬스케어 등의 산업에 활용할 수 있는 의료IT기업에 관한 사업계획서를 작성하는 것으로 지속 심화 연계를 한 사례이다.

오른쪽 상단의 도표는 학생의 메디컬융합 동아리활동 내용이다. 주제 연구를 하게 된 활동적 계기와 이를 통해 수행된 동아리활동과

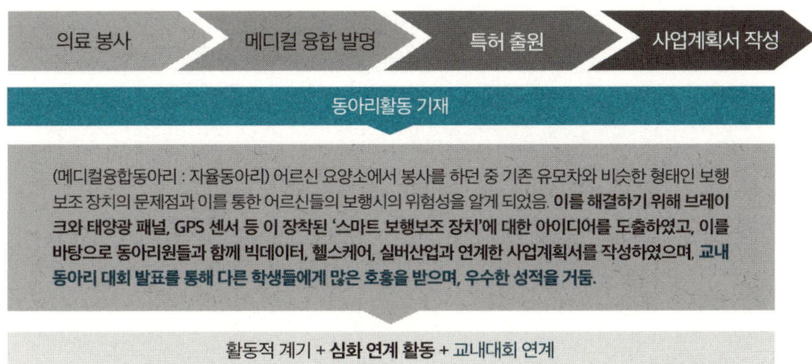

결과 그리고 이것에 대한 발표를 통해 다른 학생들에게 어떠한 도움을 주며 호응을 받았는지에 대해 설명되어 있다.

4차 산업혁명의 시대는 융합혁명의 시대이다. 나의 희망 진로와 연관하여 단순히 한 분야에 대한 활동보다는 이와 같이 다양한 진로 분야를 희망하는 학생들이 모여서 자신의 장점들과 개성을 살려가며 협력하여 좋은 결과물을 산출하는 융합형 동아리가 각광을 받고 있는 추세이다. 참고해서, 나에게 적합한 융합형 동아리 컨셉은 무엇이 있을지 진지하게 검토가 필요하다.

사회경제 동아리

동아리활동의 네 번째 사례로 사회경제 동아리이다. 이 학생은 경기도에 있는 한 시 소재지에서 자라면서 학생이 거주하는 시내의 지역 간의 불균형에 대한 문제점을 해소하기 위해 사회 경제 동아리

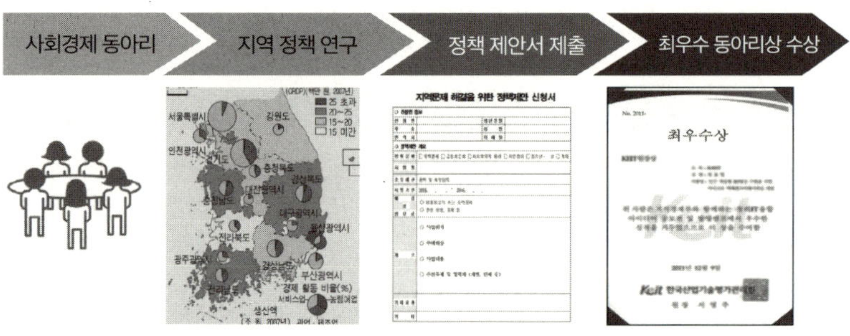

학생 본인이 거주하고 있는 지역의 불균형을 해소하고자 교내 자율동아리(사회경제동아리)를 창설
시립 도서관 및 국회 도서관 등을 통해 관련 자료 조사 및 거주 지역의 과거 30년간의 지역 정책에 대해 분석
동아리 차원에서 지역 경제 불균형 해소를 위한 정책 제안서를 작성, 관할 지역 시청에 정책 건의
최우수 동아리상 수상

를 조직하였다. 지역 간의 불균형을 해소하기 위해 지역 정책을 연구하고 이것을 정책 제안서로 제출하여 심화 발전시킨 대표적인 사례이다.

이 학생은 본인이 거주하고 있는 지역 내에서 신도심과 구도심이라는 지역 간의 불균형에 대해서 심각하게 고민하였다. 자신이 속한 신도심은 강남 못지않게 성장하고 발전하는데 구도심은 시간이 갈수록 상권도 약화되고 점점 퇴화되어 가는 모습이었다. 어떻게 하면 이러한 지역 간의 불균형을 해소할 수 있을지에 대한 목표를 가지고 사회경제 동아리를 구성하게 되었다.

이 학생은 동아리원들과 함께 가장 먼저 해당 지역의 시립도서관에 들어가서 80년대부터 지금까지의 시정책에 대한 연구를 시작하였다. 처음 보는 행정과 정책서들이기 때문에 낯설게 보이는 부분도

● 상경 계열 - 사회 경제 동아리 창설 ⇨ 지역 경제 정책 연구 ⇨ 정책 제안서 제출

사회경제 동아리	지역 정책 연구	정책 제안서 제출	최우수 동아리상 수상

동아리활동 기재

(사회경제동아리 : 자율동아리) 지역내 불균형이 존재하는 이유와 이를 해소하기 위한 목적으로 자율동아리를 구성함. 동아리원들과 함께 관내 도서관에서 관련 자료를 조사하고 동아리 자체 토의 및 교내 공청회를 통해 지역 불균형 해소를 위한 정책제안서를 도출하는데 기여했으며, 이를 해당 행정기관에 제출하여 정책에 반영될 수 있도록 건의하는데 동아리 장으로써 주도적인 역할을 수행함.

활동적 계기 + **심화 연계 활동(결과)** + 리더십 역량 평가

있었지만, 분명히 지역불균형을 일으킨 대표적인 원인들이 있을 거라는 희망을 가지고 꾸준히 진행을 하였다. 그 결과 생각할 수 있는 몇 가지 지역불균형 발생 요인을 찾게 되었다.

이것을 가지고 동아리 내에서 토론회를 거쳐서 지역불균형 해소를 위한 몇 가지 아이디어를 도출하였고 심화 발전시켰다. 교내에 학생과 교사가 참여하는 공청회를 열어서 정책 제안서를 완성하여 해당 시청에 제출을 하였다. 이 제안은 시청에 접수되었고 중앙행정기관까지 전달이 되는 등 학생들의 작은 참여가 지역 불균형 해소를 위한 귀한 정책의 씨앗으로 반영이 되었던 좋은 사례이다.

위의 도표는 동아리활동 사항에 기재된 내용이다. 역시 활동적 계기와 동아리활동 과정과 결과, 리더십 등 활동에 참여한 태도에 대한 평가를 보면 학생 경제학자로서의 충분한 자질과 역량을 느낄 수 있다.

경제학과, 경영학과, 행정학과, 정책학과 등으로 전공을 희망하는 학생들은 해당 지자체의 현안 문제점 외에도 학교 내에서 발생하는 학교폭력이나 학생회의 운영, 매점, 급식, 환경미화 등 다양한 현안 문제점에 대한 조사를 하고, 그 문제를 해결하기 위한 체계적인 전략과 준비를 통해 창의적인 해결 방안을 도출하면 된다. 학교나 지자체에 건의하여 반영될 수 있다면 상경계열이나 정책행정분야의 진로를 희망하는 학생들에게는 매우 좋은 활동 주제라고 할 수 있다.

로봇/SW 동아리

동아리활동의 5번째로 로봇/SW 동아리이다. 동아리활동에서 비교적 쉽게 사용할 수 있는 APP인벤터를 활용하여 음성로봇제어 앱을 개발하였다. 이것을 동아리 발표회에서 음성을 통한 로봇제어를 시연하여 이공계열을 준비하는 다른 학생들로부터 큰 호응을 받았던 사례이다.

동아리에서는 첫 번째, 음성으로 로봇을 제어할 수 있는 앱을 개발하자는 목표를 세웠다. 앱을 개발해야 하는 상황에서 학업에 소요되는 시간과 동아리활동에 투자할 수 있는 최적의 시간을 고려해서 앱개발 전략을 세웠다.

앱을 개발할 수 있는 도구(Tool)는 여러 가지가 존재한다. 우선, JAVA 언어 대부분의 앱을 개발하는 전문가 레벨의 언어이다. 그러나 위 동아리원들의 경우 JAVA에 대해 잘 알고 있는 동아리원이 없었기 때문에 정해진 기간 동안에 가장 효과적으로 앱을 구현할 수

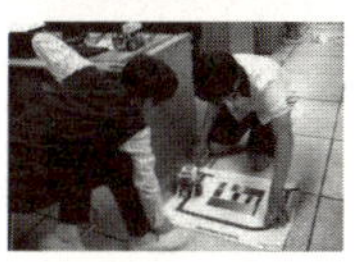

있는 도구로 APP인벤터를 골랐다. 다행이도 JAVA는 텍스트형태의 코딩 중심으로 앱을 구현하는 반면, APP인벤터는 GUI(Graphic User Interface) 방식으로써 어느 정도 시간을 투자하면 학생도 어렵지 않게 앱을 구현할 수 있었다. 결과적으로 적은 시간을 사용하면서 음성으로 제어하는 로봇을 구현하였다.

위의 도표는 학생의 로봇/SW 동아리활동 내용이다. 동아리 연구활동에 대한 계기와 이를 통해 음성으로 로봇을 제어하는 앱을 개발하는 과정과 결과 그리고 이를 통한 지식의 확산을 통한 효과 등에 대해서 잘 기재가 되어 있다.

과거 기계, 전기, 전자 공학으로 영역이 나뉘었던 전공의 칸막이에서 이제는 로봇, 앱, 인공지능, 자율주행 자동차와 같이 융합 학문과 융합 산업으로 커져가고 있다. 이공계 전공의 경우 단순히 내가 희망하는 전공에만 집중하기보다는 SW, 로봇 등 관련된 다른 전공 분야와 융합을 하는 것이 좋다. 내가 희망하는 전공 분야에 대한 폭넓은 자기주도적 융합형 활동으로 전공 역량을 키워야 할 것이다.

창의적 아이디어 발굴 방법(PEACE10)

지금까지 설명한 전공계열별 동아리활동의 사례는 학생이 어떠한 진로를 가지고 있고, 어떠한 세부 전공을 희망하느냐에 따라 매우 다양한 형태의 아이디어와 콘텐츠로 구현되었다. 결국 전공과 관련한 창의융합형 아이템을 발굴하여 동아리활동으로 연계하는 것이 중요하다.

여기서는 필자가 직접 개발한 창의융합 아이디어 발굴 방법론(PEACE10 - Park's Creative and Converge 10 Principles)에 대해 설명한다. 본 원리는 필자가 현대제철 기술연구소에 연구원으로 재직한 7년 여의 기간 동안 국내 및 해외특허 420건을 출원하면서 대한민국 특허 출원 및 등록 분야 1위 발명(2010~2015년 국내 주요 출원인 대상, WIPS 보고서)과 함께 80% 수준의 높은 특허 등록률과 뛰어난 상용성을 입증한 아이디어 발굴 방법론이다. 현재는 주로 초등학교, 중학교, 고등학교 및 대학생을 상대로 입시와 취업 그리고 창업을 준비하는 학생들에게 창의융합형 아이디어 발굴을 위한 좋은 가이드를 해주는 발명원리로 널리 활용되고 있다.

PEACE10은 본인이 창의융합적인 아이템으로 개선을 희망하는 아이템을 10가지의 방법을 통해서 새롭고 독창적인 아이디어를 도출하게 해준다. 활용 방법은 간단하다. 먼저 내가 새로운 아이템으로 개선을 희망하는 대상 아이템을 선정한다. 생활 속에서 흔하게 볼 수 있는 의자, 신발 등 유형의 아이템부터 비즈니스 모델 등 무형의 아이템까지 다양하게 선정될 수 있다. 선정을 했다면 이제 그 아이템에서 나만의 창의융합형 아이템을 도출하면 된다.

PEACE10은 10가지의 기법으로 이루어져 있다.

1️⃣ 더하기—하나의 요소에 다른 하나의 요소를 더함

2️⃣ 빼기—여러 요소 중 일부 요소를 제거

3️⃣ 곱하기—다른 요소를 통해 한 요소를 증폭시킴

4️⃣ 나누기—하나의 요소를 여러 부분 요소로 나눔

5️⃣ 회전—요소의 상태를 회전시킴

6️⃣ 관통—하나의 요소를 관통함

7️⃣ 변경—한 요소를 다른 요소로 변경

8️⃣ 겹침—한 요소를 다른 요소와 겹침

9️⃣ 삽입—여러 요소의 구성에 다른 요소를 삽입

🔟 연결—한 요소를 다른 요소와 연결함

최근 동아리활동에서는 단순한 보고서 차원을 넘어 발명, UCC,

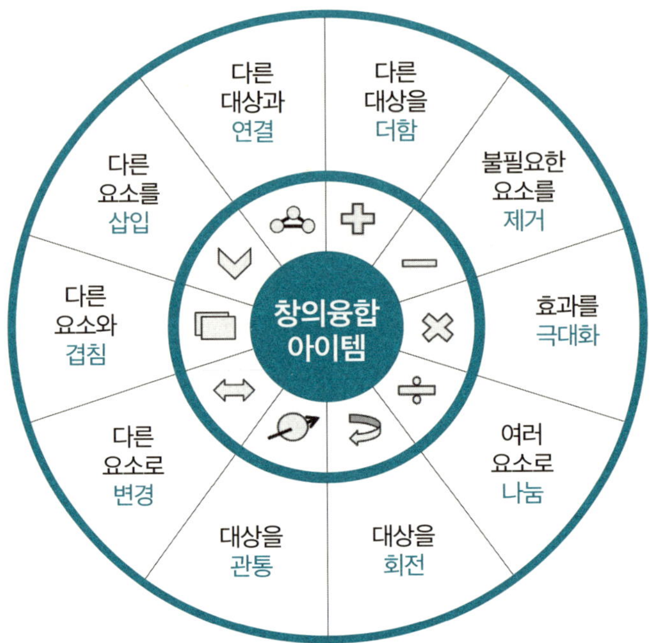

번호	원리	기호	설명
1	더하기		하나의 요소에 다른 하나의 요소를 더함
2	빼기		여러 요소 중 일부 요소를 제거
3	곱하기		다른 요소를 통해 한 요소를 증폭시킴
4	나눔		하나의 요소를 여러 부분 요소로 나눔
5	회전		요소의 상태를 회전시킴
6	관통		하나의 요소를 관통함
7	변경		한 요소를 다른 요소로 변경
8	겹침		한 요소를 다른 요소와 겹침
9	삽입		여러 요소의 구성에 다른 요소를 삽입
10	연결		한 요소를 다른 요소와 연결함

앱(APP), 책 출판, 사업기획 등 다양한 형태와 유형의 콘텐츠들이 만들어지고 있다. 이제, PEACE10과 같은 창의융합형 아이디어 발굴 방법론을 활용하여 나만의 아이디어, 나만의 콘텐츠를 만들어서 우리 동아리활동으로 구체화시키고 심화 발전시키는 것이 무엇보다 중요하다.

진로활동

창의적 체험의 4번째 항목인 진로활동이다. 대부분의 학생들은 진로활동을 자율활동과 비슷하게 학교 공동체적 활동만으로 작성한다. 진로활동을 통해서 자신의 꿈과 비전을 체계적으로 준비한 학생이라면 상대적으로 진로적합성 측면과 자기주도적 측면에서 좋은 평가를 받을 수 있는 항목이 될 수 있다. 절대 버리지 말고 취할 수 있는 부분이 어떤 부분이 있는지 세밀한 검토가 필요하다.

일반적으로 진로활동은 자기탐색, 직업탐색, 진로탐색, 진로계획의 순서로 진행이 된다. 자기탐색이란 MBTI, 홀랜드, 애니어그램과 같은 진로적성검사를 통해 학생의 성향과 적성을 파악하는 단계이고, 직업탐색에서는 진로적성검사 결과를 기반으로 본인에게 적합한 직업군과 산업군을 조사하고 탐색한다. 진로탐색은 직업탐색을 통해 확인된 선호 직업에 대한 세부적인 진로방향에 대해서 탐색하고 마지막 진로 계획에서는 세부적인 계획에 의해서 진로를 최종적으로 결정하는 단계이다.

121페이지의 도표는 로봇 공학자를 희망하는 한 학생의 진로활동

7-4. 진로활동

진로활동	자기이해활동	자기 이해 및 심성 계발, 자기 정체성 탐구, 가치관 확립활동, 각종 진로 검사 등
	진로정보탐색활동	학업 정보 탐색, 입시 정보 탐색, 학교 정보 탐색, 학교 방문, 직업 정보 탐색, 자격 및 면허 제도 탐색, 직장 방문, 직업 훈련, 취업 등
	진로계획활동	학업 및 직업에 대한 진로 설계 진로 지도 및 상담활동 등
	진로체험활동	학업 및 직업 세계의 이해, 직업 체험활동 등

(진로활동) 교내 진로디자인 포트폴리오 대회(2015.04.18)에서 평소 관심분야인 기계-전자공학과 전공 탐색과 이후 자동차 연구원에 대한 진로계획을 수립하고, 이를 **포트폴리오로 정리하여 발표함**. 이를 통해 자기주도적인 진로설계를 구체적으로 계획하는 계기를 마련함. 교내 나의 꿈 도전 **발표대회(2015.06.25)**에서 자동차 연구원의 꿈을 갖게된 계기와 현재 노력하고 있는 활동을 소개하여 **우수한 성적을 거둠**.

기재 내용이다. 단순히 학교에서 공통적으로 수행하는 진로활동으로 작성하는 방식이 아니라 먼저 학생이 어떠한 계기에 의해서 로봇공학자를 희망하게 되었고 이 진로를 탐색하기 위해서 구체적으로 어떠한 과정을 거쳐서 결과물을 산출하였는지, 나의 진로활동을 통해 유사한 진로 분야를 가지고 있는 다른 학생들에게 어떠한 도움과 영향력을 주었는지에 대해 구체적으로 기재하는 것이 필요하다.

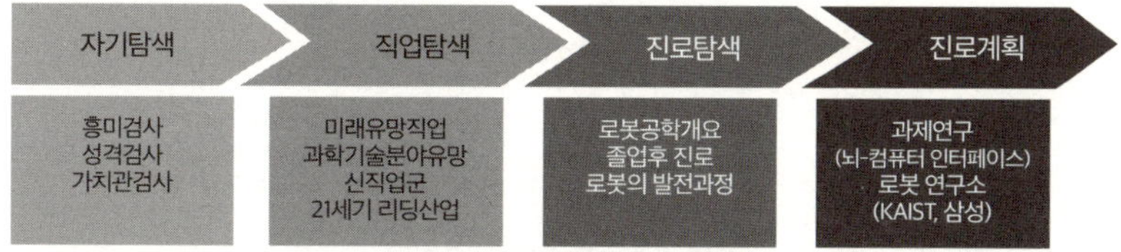

진로활동 기재

(진로활동) 교내 진로디자인 포트폴리오 대회(2015.04.18)에서 평소 관심분야인 기계-전자공학과 전공 탐색 이후 로봇공학자에 대한 진로 계획을 수립하고, 이를 포트폴리오로 정리하여 발표함. 이를 통해 자 기주도적인 진로설계를 구체적으로 계획하는 계기를 마련함. 교내 **나의 꿈 도전 발표대회**에서 로봇공학 자의 꿈을 갖게된 계기와 현재 노력하고 있는 활동을 소개하여 다른 학생들의 많은 호응을 받으며, 우수 한 성적을 거둠.

활동적 계기 + **연계 활동 및 결과에 대한 평가**

4-6

내신과 특기에 중요한 교과학습발달상황

학생기록부의 ❽번 교과학습발달상황은 크게 두 섹션으로 나뉜다. 첫 번째는 교과목별 내신 성적에 대한 부분이고 두 번째는 과목별 세부능력 및 특기 사항이다.

먼저, 교과성적에 대한 부분에서 설명하겠다. 만약 1·2·3학년 전체 내신 성적의 평균이 모두 2등급으로 동일한 두 학생이 있다고 가정하자. A학생은 1학년, 2학년, 3학년 전 학년에 걸쳐서 모두 동일하게 2등급이고, B학생은 1학년은 3등급, 2학년은 2등급, 3학년은 1등급으로 상승했다.

A, B 두 학생 중에서 어느 학생이 학업 능력에 대해 더 좋은 평가를 받게 될까? 그렇다. 바로 B학생이다. 학생부종합전형에서는 내신 성적을 단순히 산술적으로 평가하는 것이 아니라 1·2·3학년 전체적이고 종합적인 관점에서 평가를 하게 된다. 비록 B학생의 경우 1학

● 교과 내용을 심화 발전된 비교과 활동으로 확대 ⇨ 교과성적 향상으로 연계 !

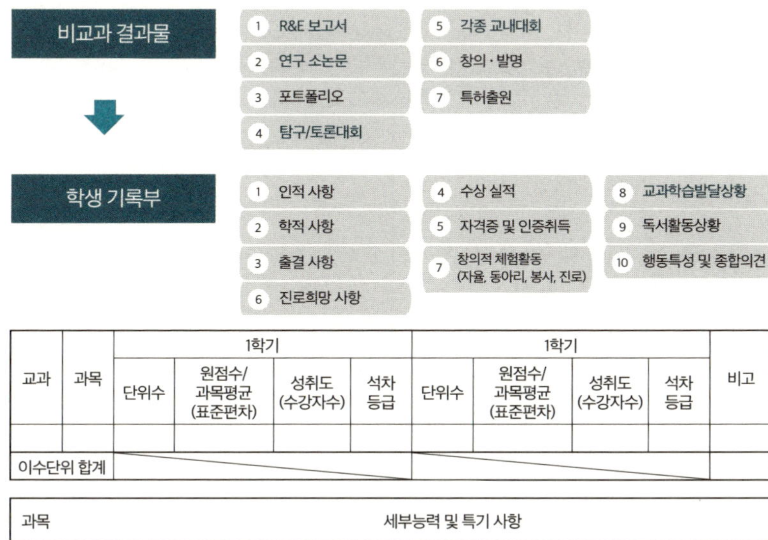

교과	과목	1학기				1학기				비고
		단위수	원점수/과목평균(표준편차)	성취도(수강자수)	석차등급	단위수	원점수/과목평균(표준편차)	성취도(수강자수)	석차등급	
이수단위 합계										

과목	세부능력 및 특기 사항
해당 사항 없음	

● 환경과 녹색성장 : 평소 주변에서 일어나는 환경 문제에 관심이 많고 환경 문제를 해결하기 위한 방안을 찾아내고 이를 친구들과 같이 실행하는 등 학교 환경운동가와 같은 역할을 하며, 모둠활동을 통한 환경문제 해결'이라는 주제로 실시된 스마트 수업에서 모둠의 **환경 문제 선정과 해결 방법을 창의적으로 정리**하고, **스마트 기기를 이용한 발표** 방법을 이용하여 모둠의 연구 결과를 발표함으로써 학급 친구들의 큰 호응을 얻음.

● **전학년/전과목 평균 보다** ⇨ **학년별 내신 상승 추이 & 전공 연관 과목 성적 중요**

| A, B 두 학생 내신 등급이 2.0으로 동일 하더라도, 학년별 성적 향상 추이가 더 크게 반영

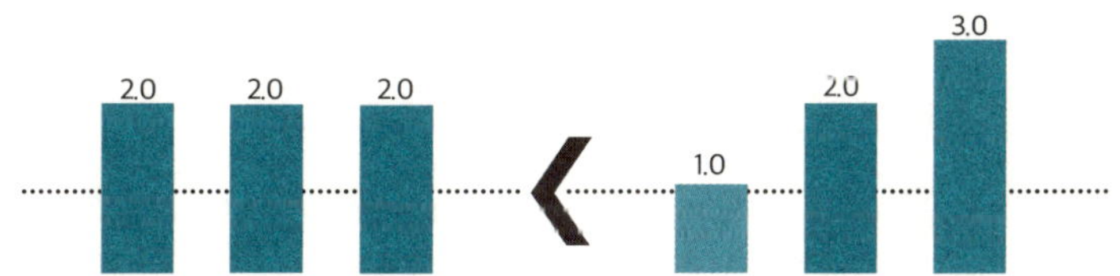

| A, B 두 학생 내신 등급이 2.0으로 동일 하더라도, 지원 계열별 연관 과목 내신 성적이 더 크게 반영

2.0	2.0	2.0	2.0	2.0
국어	영어	수학	사회	과학

이과의 경우

2.0	2.0	2.0	2.0	2.0
국어	영어	수학	사회	과학

문과의 경우

평가 종류 (평가 종류와 반영 비율)							
	지필평가				**수행평가**		
반영 비율	60%				40%		
횟수/영역	1차		2차		듣기·말하기 (발표하기)	쓰기 (프로젝트)	문학 (논술)
	선택형	서술형	선택형	서술형			
만점 (반영비율)	60점 (18%)	40점 (12%)	60점 (18%)	40점 (12%)	10점 (10%)	15점 (15%)	15점 (15%)
	100점 (30%)		100점 (30%)				
서술형·논술형 문항 반영 비율	12%		12%				15%
평가 시기	4월		4월		수시	수시	수시
관련 성취기준	2911-1, 2911-2, 2914-1, 2914-2 …		2915-1, 2916-1, 2917-1, 2918-1 …		2913-1, 2913-2	2933-1, 2933-2	2958-1, 2958-2

년 때는 3등급이었지만 2·3학년으로 올라갈수록 지속적으로 성적이 상승했다는 부분에서 성적향상 부분에 대해 좋은 평가를 받게 된다. 이러한 학생은 대학 입학 이후에도 지속적으로 학업 역량을 향상시킬 수 있다는 점에서 학업의 잠재적 역량에 대해서도 긍정적인 평가를 받을 수 있는 학생이다.

내신 성적 관리에서 수강한 과목 전체에 대해서 좋은 성적을 받는 것도 중요하지만 그중에서도 지원 전공 계열과 연관된 과목에 대해 좋은 성적을 유지하는 것이 중요하다. 인문계 학생의 경우에는 국어와 사회, 자연계 학생의 경우에는 수학과 과학 과목이 더 큰 비중으로 평가가 되기 때문에 희망 전공 관련 교과에 대해서는 다른 과목

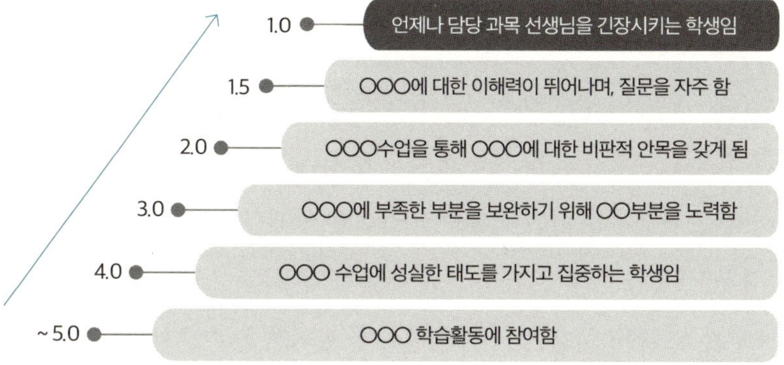

보다 상대적으로 더 많은 시간을 투자하여 성적 관리를 해야 한다.

내신 성적 관리에서 중요한 또 다른 요소는 바로 수행평가이다. 과목별 평가 기준을 보면 일반적으로 지필평가가 60%, 수행평가가 40%로 반영된다. 지필평가에서 만점을 받았지만 수행평가에서 좋은 점수를 받지 못해 예상보다 낮은 내신 성적을 받는 학생들이 의외로 많다. 지필평가는 통상 4월말 중간고사, 7월초 기말고사의 일정에 맞추어 집중적으로 준비하면 되지만 수행평가는 정해진 일정이 아니라 수시로 평가가 진행되기 때문에 평가기준을 숙지하고 성실하게 해내서 좋은 성적을 받을 수 있도록, 항상 긴장의 끈을 놓아서는 안 된다.

이제, ❽교과학습발달상황의 두 번째 섹션인 세부능력 및 특기 사항 부분이다. 위의 도표는 필자가 현재까지 1,300여 명의 학생들에 대한 상담과 생활기록부 분석을 통해 정리한 내신 등급별 세부능력 특기 사항 기재 내용의 변화이다.

내신 5등급 이하의 학생들의 경우에는 '○○ 학습활동에 참여함'과 같은 단순한 참여에 대한 부분으로 기재가 되고, 내신 4등급 학생의 경우 '○○○수업에 성실한 태도를 가지고 집중하는 학생임'과 같이 다른 학생과는 다른 학생만의 장점을 기재하는 모습이 나타난다.

내신 3등급 학생은 '○○○에 부족한 부분을 보완하기 위해 ○○ 부분을 노력함'과 같이 자신이 학업에 있어서 부족한 부분을 스스로 깨닫고 그 부분을 보완하기 위해 어떠한 방식으로 구체적으로 노력했는지 자기주도적인 측면에서 학업 역량을 어필하는 방식으로 기재된다.

2등급 학생의 경우에는 '○○○수업을 통해 ○○○에 대한 비판적 안목을 갖게 됨'과 같이 일반적인 고등학교 학생들에 비해 학생만이 가지고 있는 차별화된 고급 역량들을 부각시키는 형태로 기재된다.

1.5등급 학생의 경우와 같이 최상위 등급 학생은 '○○○에 대한 이해력이 뛰어나며 심도 있는 질문을 자주함'처럼 학생의 학업 역량과 태도 모든 면에 있어서 매우 우수하다는 표현의 기재가 많이 나타난다.

그리고 학교별 최고로 인정받은 학생은 정량적 평가의 방식을 넘어서 '언제나 담당 과목 선생님을 긴장시키는 학생임'과 같이 교사가 학생에 대해 일종의 경의를 표현하는 방식으로 기재되는 경우가 많다.

오른쪽 상단의 도표는 지구과학 과목에서 수행평가에 대한 평가, 담당 교과목에 대한 학생의 학업 역량, 수업시간에 학생의 태도에

<table>
<tr><td>개인별 세부능력 및 특기 사항</td></tr>
<tr><td>(2학기) 지구과학 : 별의 일생과 우주의 생성에 대한 이해를 바탕으로 천체물리 단원을 수업할 때 핵융합반응과 빅뱅이론에 대한 많은 자료를 조사하여 수업시간에 발표하여 다른 학생들의 이해에 많은 도움을 주었음. 항공우주 관련 이론들의 전체적인 흐름을 아주 잘 이해하고 있고, 통합적 사고력이 요구되는 문제를 물리학적 해석을 이용하여 해결하는 능력이 아주 뛰어남. 항공우주과학과 관련된 물리학적 배경지식이 많고, 수업 중 관련된 내용에 대한 심도 있는 질문들을 자주 하는 등 언제나 담당과목 선생님을 긴장시키는 학생임.</td></tr>
<tr><td>학업 활동 + 학업 역량 + 학업 태도</td></tr>
</table>

대한 종합적인 관점에서의 내용이 기재되어 있다. 이와 같이 교과별 세부능력 특기 사항은 학교별로 내신별로 매우 상이하게 기재될 수 있다.

한 가지 더 중요한 것은 세부능력 특기 사항은 단순히 교과성적이 좋다고 훌륭하게 기재될 수 있는 것이 아니라는 점이다. 교과성적과 함께 수업에 임하는 태도가 훌륭한 학생에게 담당 교사는 더 좋은 평가 내용으로 기재할 수 있다. 따라서 수업시간의 태도와 함께 평상시 담임교사는 물론 과목별 담당 교사와도 인간적으로 좋은 관계를 유지하는 것이 매우 중요하다.

진로를 찾아주는
독서활동상황

독서활동은 진로를 기준으로 인성과 교양이 서포트 해주는 형태가 가장 바람직한 독서라고 할 수 있다.

학생의 진로 분야가 인문사회계열이라면 현재 이슈가 되고 있는 인문사회계열의 관련된 독서를 많이 하는 것이 중요하고 의학·공학 계열이라면 4차 산업혁명 등 과학기술의 현재 트렌드에 관련한 독서를 추천한다. 인성에 관한 독서는 김구 선생, 서서평 선교사, 헬렌 켈러 등 자신이 존경하는 인물에 관한 독서를 추천한다.

시사교양에 관련해서는 현재 사회적 이슈에 대해 진보와 보수의 종합적인 관점에서 기술된 책을 추천한다. 일반 중·고등학교 학생들의 정치적 성향은 보통 진보이다. 그러나 지나치게 진보에만 치우치다 보면 면접할 때 입학사정관과 정치적 견해가 다름으로 인해 평가 시 불이익을 받을 수도 있다. 따라서 독서를 비롯한 학교생활 전반

에 있어서도, 진보적 관점과 보수적 관점에 있어서 모두 종합적으로 균형 잡힌 성향을 가지고 활동을 하는 것을 권장한다.

기존의 독서활동 사항에는 책 제목, 저자, 내용이 기재가 되었다면 2017년부터는 독서 내용은 없이 책 제목과 저자만 기재가 되도록 변경되었다. 지금까지는 평가 시 독서활동에 대해서 서류평가와 면접이 어느 정도 균형 있게 진행이 되었지만 독서활동 사항에서 독서활동 내용이 없이 사실상 책 제목만 가지고 서류를 평가하기에는 한계가 많아질 것이다.

앞으로의 독서활동은 면접을 통해 독서활동 내용에 대한 검증과 평가의 비중이 더 커질 것이다. 무조건 많은 책을 읽는 것보다는 진로적 관점에서 나에게 영향을 주었던 책을 중심으로 작성을 하는 것

학년	과목/영역	독서활동상황
1	-	책 제목 + 저자 + 내용(느낀 점)
2	-	〃
3	-	〃

학년	과목/영역	독서활동상황
1	-	책 제목 + 저자
2	-	〃
3	-	〃

⇨ 학생부 평가 시, 독서 내용과 느낀 점이 평가에 반영됨으로써 독서 활동 사항이 서류 전형과 면접 전형에 고르게 분산되어 반영됨

⇨ 사실상, 책 제목과 저자만 가지고 서류 평가에 반영하기에는 한계가 많이 있음. 독서활동 부분에 대한 서류 평가에 대한 비중은 감소하지만, 면접에 있어서 평가 비중이 강화

이 중요하다.

1학년 때부터 책을 한 권 읽으면 그 책을 통해서 내가 배우고 느낀 점을 A4용지 반 페이지 정도로 요약을 해나가는 습관이 필요하다. 3학년 때 자소서나 면접을 보기 전에 내가 지금까지 읽었던 책들에 대해서 모두 다시 정독하기란 현실적으로 어렵다. 3학년까지 작성한 나만의 독서 후기를 정독하여 학생기록부에 기재된 독서의 주요 내용에 대해 완벽하게 기억하는 것이 필요하다.

면접을 준비할 때는 책의 내용을 모두 다 기억하는 것은 중요하지 않다. 그 책이 나에게 어떠한 영향을 주었으며 내가 그것을 통해 무엇을 배웠는지, 이를 통해 내가 다른 어떠한 결과를 산출하게 되었는지를 중심으로 준비하는 것이 중요하다.

많은 학생들이 독서는 학생기록부의 양념 정도로 생각하는 경향이 있다. 그러나 독서는 내가 가고자 하는 전공 분야의 방향과 콘텐츠를 설정하는 나침반으로 작용할 수 있다. 독서활동을 통해 나의 희망 진로 분야에 대한 방향을 잡고 지속적으로 발전하는 계기가 되도록 준비해야 한다.

학생기록부 전체의 압축판, 행동특성 및 종합의견

행동특성 및 종합의견(이하 행특)은 학생기록부 전체의 압축판이다. 담임교사가 학생을 1년간 가르친 최종 의견을 기재하는 항목으로써 사실상 단일 항목으로는 가장 비중이 큰 항목이라고 할 수 있다.

행특에는 다양한 인성요소에 대한 기술을 할 수 있는데 단순히 '이 학생은 인성이 좋다'라고 표현하는 것보다 학생의 희망 진로와 전공적 관점에서 어떠한 역량을 가지고 있는 학생이며, 이 목표를 위해 학교 또는 학급이라는 공동체 안에서 어떠한 노력을 하고 있는지에 대해 보다 구체적으로 기재가 되는 것이 필요하다.

여기에서는 크게 뛰어난 인성을 중심으로 기재된 인문사회계열 학생의 사례와 뛰어난 학업 역량을 중심으로 기재된 이공계열 학생의 사례를 설명한다.

먼저 사범계열 전공을 희망하는 학생의 생활기록부 사례이다. 학교생활의 어려움을 겪는 학생의 일을 나의 일처럼 생각하고 지속적인 도움을 주고 변화를 시키는 모습이 기새가 되었다. 이러한 모습이 교사에게 깊은 감명을 주었다는 표현으로 나타나고 있다. 학생은 뛰어난 교육자적 인성 부분에 있어서 좋은 평가를 받을 수 있다.

두 번째 사례는 이공계열 학생으로 뛰어난 학업 역량을 부각시킨 경우이다. '하나라도 더 배우려고 노력하는 열정적인 학습 태도로 교사로 하여금 수업에 충실하도록 하는 학생'이라는 표현은, 첫 번째 학생과 마찬가지로 교사가 학생에게 일종의 경의를 표현할 정도로 인정한다는 기재사항이다. 평가자로 하여금 학생이 희망하는 이공계연구원으로서의 자질을 높게 평가 받을 수 있는 부분이다.

코딩과 4차 산업혁명 그리고 소프트웨어 특기자전형 분석

5-1

아빠, 엄마에겐 국, 영, 수보다 어려운 소프트웨어 세계

현대 사회는 우리가 생각하던 일들이 실제 눈앞에 벌어지고 있는 최첨단 디지털 시대다.

어제까지 수많은 사람들에게 사랑받던 서비스가 당장 내일 새로운 서비스에 밀려 고객을 잃을 수도 있고, 전통적으로 사랑받던 직업들이 새로운 디지털 환경에 적응하지 못하고 역사의 한 페이지로 사라질 수도 있다. 이렇듯 우리는 하루가 멀다하고 새롭게 생기고 사라지는 디지털 전쟁 속에서 살아가고 있다.

몇 년 전, 카카오톡은 한국 메신저 시장을 선점하고 1위로 우뚝 섰다. 2014년 10월에는 '다음'이라는 거대 포털(구 한메일)과 합병을 하며 단숨에 코스닥 시장에서 시가총액 10위 안으로 진입한 사건도 있었다. 합병 후 1년 뒤인 2015년 10월에 회사 이름을 〈다음카카오〉에서 〈카카오〉로 바꾸게 된다. 이 이야기가 왜 중요하냐면 〈다음〉이라는 대기업을 〈카카오〉라는 신흥 IT기업이 먹어버린 대표적인 사례이기 때문이다. 아무리 대단한 기업이라도 이 세계에서는 급성장한 기업에게 하루아침에 먹힐 수 있다. 새로운 도전과 변화에 소극적으로 대처해서는 살아남기 어렵다. 그리고 2년 여가 지난 지금 그렇게 승승장구하던 〈카카오〉가 흔들리고 있다. 또 어떤 서비스와 기업이 우리의 마음을 사로잡아 하루아침에 성장할지 아무도 모르는 일이다. 이 점이 이 산업의 가장 큰 매력이 아닐까싶다.

아직도 우리 아이들을 국어, 영어, 수학을 중심으로 가르치며 공무원 시험을 준비시키는 학부모가 되려고 하는가? 실제로 한국경제연구원에서 성인 2,000명을 대상으로 직업선호도에 대한 국민설문을 진행한 결과 직업선호도 순위 1위가 공무원이었다. 이 순위는 결국 학부모들의 인식이 아직도 안정감을 추구하는 쪽인 것으로 이해할 수 있다. 국어, 영어, 수학 같은 과목은 학습지도 및 체크가 가능하지만 코딩이나 소프트웨어 교육은 학부모들이 전혀 모르는 세계라서 아이들을 지도하는 것이 불가능하거나 어려움을 겪는다고 이야기한다.

아이들이 자라서 활동할 시기가 되면, 4차 산업혁명은 우리 실생활에 밀접하게 적용될 것이다. 어쩌면 우리가 지금 매일 만나고 이야기하던 직업군들은 사라지고 새로운 직업들이 사회를 움직이고 구성하게 될지도 모르는 일이다.

실제로 지난 2016년 다보스 세계경제포럼에서 이 포럼의 창립자인 클라우스 슈밥 회장은 앞으로 2020년까지 선진국에서 710만 개의 일자리가 사라질 것이라는 예측을 내놓았다. 4차 산업혁명 시대가 현실화되면 제조/물류기반의 산업은 회사에서 개발하는 제품과 고객의 상황에 따라 AI와 빅데이터 기반의 능동적인 작업방식을 결정하게 될 것이다. 이것은 디지털혁명이라고 불리었던 3차 산업혁명의 기반 위에서 4차 산업혁명이 창조될 수 있다는 이야기이기도 하다.

지금 이야기하는 4차 산업혁명이란 인공지능, 로봇기술, 생명과학이 중심이 되어 미래 산업군을 움직이는 차세대 산업혁명을 의미한다. 1784년 증기기관과 기계화로 영국에서 처음 시작된 1차 산업혁명, 이후 1870년 전기를 이용한 대량생산이 본격화된 2차 산업혁명, 1969년 인터넷의 탄생과 컴퓨터 정보화 및 자동화 생산시스템이 산업을 움직이는 것을 우리는 3차 산업혁명이라고 불렀다. 3차 산업혁명까지의 공장, 생산라인의 자동화는 미리 설계된 프로그램에 따라 시설들이 수동적으로 움직였다면 4차 산업혁명 시대에서는 디지털, 바이오, IoT 같은 개별 기술들이 각자의 장점을 융합하게 될 것이다. 3D 프린터, AI, 무인 자동차, 빅데이터 분석을 통한 타겟 마케팅 등 다양한 기술들이 모두 연결되며 보다 지능적이고 편리한 사회가 될 것으로 전망된다.

이미 선진국들 사이에서는 이런 현상을 대비하여 국가적인 차원에서 프로젝트를 진행하고 있다. 독일의 인더스트리 4.0, 미국의 산업 인터넷, 일본의 로봇 신전략, 중국의 제조 2025 같은 프로젝트들은 대표적인 4차 산업혁명 프로젝트이다.

특히 4차 산업혁명의 선두 국가인 독일은 인더스트리 4.0 프로젝트를 통해 1,500만 개 가량의 제조업을 디지털 산업으로 바꾸려 하고 있다. 1억 유로를 연구비로 투자해 제조업만이 아닌 모든 산업에 적용할 수 있는 디지털 플랫폼 국가의 첫 걸음을 준비 중이다.

우리나라도 ICT 융합 기술에 대한 관심과 함께 4차 산업혁명의 사회적 준비를 시작하였다. 2017년부터 초등학교와 중학교에서는 기존 '정보' 교과목을 소프트웨어 교육으로 개편하여 연간 34시간 이상의 코딩 관련 교육을 운영할 수 있도록 했다. '소프트웨어 교육 연구 선도학교'를 전국 1,200개 학교로 확대하고, 교육을 원활하게 운영할 수 있도록 운영비를 지급하고 있다.

국가 경쟁력 확보를 위해 정부에서는 대학을 지원하여 소프트웨어 특기자전형을 신설하였다. 신설 첫 해인 15년도에는 8개 대학에서 40여 명을 모집했지만 2년 만에 20개 대학으로 확대되어 600여 명에 가까운 학생을 뽑는 폭발적인 성장력을 보여주고 있다. 본격적인 소프트웨어 특기자전형의 설명에 앞서 왜 요즘 코딩이 학부모들 사이에서 열풍인지, 4차 산업혁명이란 무엇인지 간단한 설명과 함께 이해를 도왔다. 이제 본격적으로 대입 선형 분석을 시작해볼까 한다.

소프트웨어 특기자전형 소개 및 분석

우리 아이들이 들어가게 될 대학에는 소프트웨어 특기자전형이 있을까? 우리 아이는 학생부종합전형으로 대학에 가야 할까? 이런 질문들에 대답하기 전에 먼저 소프트웨어 특기자전형이라는 것에 대해 살펴볼 필요가 있다. 아무리 맞춤형 전형이 있다고 한들 해당 전형에 대한 정보가 전혀 없다면 우리 아이에게 필요한 전형인지 아닌지 판단할 수 없기 때문이다.

미래창조과학부와 교육부에서는 2015년부터 정부 지원 사업으로 〈소프트웨어 중심대학〉을 선정하고 선정된 대학에 대하여 '소프트웨어 중심사회를 위한 인재양성 추진계획'을 발표하였다. 선정된 대학교에는 소프트웨어 특기자전형을 신설하여 양성하는 데 지원을 아끼지 않고 있다.

2015년에는 고려대학교, 서강대학교, 성균관대학교, 세종대학교,

가천대학교, 경북대학교, 아주대학교, 충남대학교 등 총 8개 대학교가 소프트웨어 중심대학으로 선정되어 총 모집인원 40여 명을 선발한 것으로 시작해 2016년 3월 말에는 KAIST, 국민대학교, 동국대학교, 부산대학교, 서울여자대학교, 한양대학교 등 6개 대학교가 추가로 선정되어 2018학년 전형계획을 발표했다. 기존 8개 대학교의 선발 인원이 40여 명에서 400여 명으로 증가되는 폭발적인 성장이 이루어졌다.

2017년에 와서는 중앙대학교, 단국대학교, 경희대학교, 조선대학교, 광운대학교, 한동대학교가 추가로 소프트웨어 중심대학으로 선정되었다. 2019학년에는 총 20개의 학교가 소프트웨어 특기자전형을 운영하게 되었다. 이렇듯 국가에서는 전문 인력을 양성하기 위해 대학에 지원을 아끼지 않고 있다. 미래의 국가 경쟁력은 앞서 설명한 인공지능을 중심으로 한 소프트웨어 산업에서 결정되기 때문이며 해당 분야의 전문 인력을 양성하는 것이 그만큼 중요해졌기 때문이다.

소프트웨어 중심대학으로 선정된 대학교에는 기본 4년부터 최장 6년간 연 평균 20억 원의 지원금이 투자되며 기본 평가 년인 4년이 지난 후에는 우수대학교에 대하여 예산범위 내에서 2년을 추가로 지원한다.

미래창조과학부 장관의 말에 따르면 '매년 소프트웨어 중심대학을 5개씩 추가 선정해 2019년까지 30개로 확대하겠다'라고 밝힐 정도이다. 해당 분야를 준비하는 학생이라면 이제 학생부종합전형뿐 아니라 소프트웨어 특기자전형도 선택이 아닌 필수 전형이 된 셈이다.

2015년 SW중심대학	2016년 SW중심대학	2017년 SW중심대학
40여 명 선발	400여 명 선발	572명 선발
1. 고려대학교	1. 고려대학교	1. 고려대학교
2. 서강대학교	2. 서강대학교	2. 서강대학교
3. 성균관대학교	3. 성균관대학교	3. 성균관대학교
4. 아주대학교	4. 아주대학교	4. 아주대학교
5. 경북대학교	5. 경북대학교	5. 경북대학교
6. 세종대학교	6. 세종대학교	6. 세종대학교
7. 충남대학교	7. 충남대학교	7. 충남대학교
8. 가천대학교	8. 가천대학교	8. 가천대학교
	9. 카이스트(KAIST)	9. 카이스트(KAIST)
	10. 한양대학교	10. 한양대학교
	11. 서울여자대학교	11. 서울여자대학교
	12. 부산대학교	12. 부산대학교
	13. 동국대학교	13. 동국대학교
	14. 국민대학교	14. 국민대학교
		15. 중앙대학교
		16. 경희대학교
		17. 광운대학교
		18. 단국대학교
		19. 조선대학교
		20. 한동대학교

여기서 또 하나 주목해야 하는 부분은 소프트웨어 중심대학으로 선정된 학교들이 KAIST, 고려대학교, 서강대학교, 중앙대학교 등 이름만 들어도 알만한 명문대라는 점이다. 대학교뿐만 아니라 초, 중학교 소프트웨어 교육 연구 선도학교로 선정된 초, 중, 고등학교 역시도 명문학교들이 대거 선발되었다. 서울권만 가볍게 살펴보아도 도곡초등학교, 이화여자대학교부속초등학교, 서래초등학교, 방학초등학교 등 55개의 초등학교가 선발되었으며, 중학교는 건국대사범

구분		초등학교(55개)		중학교(37개)		고등학교(21개)
연구학교		진관초등학교		양진중학교	중계중학교	개포고등학교
선도학교	계속지정	고산초	신상도초	건대부중	창북중	대광고
		누원초	염리초	광신중	청원중	대진여고
		당중초	염창초	길음중	충암중	둔촌고
		대방초	우이초	대경중	풍성중	마포고
		도곡초	이태원초	동덕여중	한울중	미림여자정보고
		둔촌초	이대부속초	동신중	혜원여중	서울디지텍고
		면중초	잠신초	마포중	홍은중	선린인터넷고
		목운초	잠실초	무학중		성동고
		무학초	장충초	미성중		세명컴퓨터고
		묵현초	정덕초	상원중		세종과학고
		문백초	청계초	대성중		잠실고
		방산초	청량초	서울대부중		장충고
		서래초	탑동초	숭문중		청원고
		서일초	한산초	영란여중		
		송중초	홍은초	영훈국제중		
		수명초	유석초	용산중		
		수암초	충암초	장충중		
		신봉초	화랑초	중동중		
	2017 신규지정	강월초	신명초	경희여중		덕수고
		고일초	신양초	고대부중		면목고
		금천초	양화초	구룡중		신림고
		금화초	영도초	덕수중		오류고
		길음초	영서초	동양중		오산고
		동북초	옥정초	삼선중		청원여고
		방학초	은진초	서울대부여중		한성과학고
		서강초	잠동초	서일중		
		신남성초		홍대부중		
		은석초		휘경여중		

대학교 부속중학교, 마포중학교, 경희여자중학교, 서울대학교사범
부설중학교, 영훈국제중학교 등의 37개 학교가 선정되었다.

　고등학교로는 한성과학고등학교, 세종과학고등학교, 대진여자고

등학교, 잠실고등학교 등 21개 학교가 선정되었다. 이런 명문학교 선정 이유는 정부의 사업 수행 실적과도 관계가 크다. 사업 초기 단계에 선정되는 학교들은 시범학교의 개념과 함께 사업이 장기적인 지속성을 위해 초기 실적들이 뛰어나야 한다. 우리가 알고 있는 학교들에서 우수한 초기 사업성과를 거두게 되면 후발 주자들이 참여하는데 진입 장벽이 낮아짐과 동시에 초반에 사람들의 관심을 크게 끌 수 있기 때문이다.

학교에서 운영하고 있는 교육의 내용도 다양하다. 개념의 이해를 돕기 위한 축제 체험 형태의 활동부터 실제 알고리즘을 짜는데 도움을 줄 수 있는 스크래치 프로그래밍까지 교육하기도 하고, 소프트웨어와 하드웨어의 융합적 활동인 아두이노 로봇제어도 학교에서 실제로 학생들이 참여하여 교육을 받기도 한다.

소프트웨어 중심대학별로 학생을 뽑는 유형은 다양하다. 소프트웨어 특기자전형은 정확히 말하자면 '이름'만 특기자전형일 뿐이다. 소프트웨어 특기자전형으로 학생을 뽑기도 하고 기존의 학생부종합전형에서 모집인원을 만들거나 늘려 학생을 뽑기도 한다.

특기자전형 모집요강에 특기자와 학종이 섞이게 된 이유는 짚고 넘어가지 않을 수 없다. 앞서 밝힌 것처럼 소프트웨어 중심대학 선정 사업은 2015년에 교육부와 미래창조과학부가 '소프트웨어 중심 사회를 위한 인재양성 추진계획'을 발표하면서 시작되었다.

이때 미래창조과학부의 소프트웨어 특기자 사업을 바라보는 견해와 교육부가 바라보는 이해는 서로 달랐다. 미래창조과학부는 소프

대학교	전형	전형명	모집인원	모집단위	전형 방법		실기	수능최저	과고영재고 조기졸업
					1단계	2단계			
고려대	특기자	특기자전형(실기위주)	18	컴퓨터학과	서류100	서류50+면접50			
서강대	특기자	알바트로스창의	41	커뮤니케이션학부(5)	서류100	서류80+면접20			○
				컴퓨터공학과(11)					
				아트&테크놀로지(25)					
성균관대	특기자	소프트웨어 과학인재	60	소프트웨어학과	서류100				
아주대	특기자	SW특기자	14	소프트웨어학과(10)	서류100	서류70+면접30			○
				사이버보안학과(4)	서류100				
경북대	특기자	SW특별전형	6	컴퓨터학부	서류100	서류40+면접60	○	○	
세종대	학종	창의인재	183	소프트웨어융합대학	서류100	서류70+면접30			
		고른기회	8						
		사회기여 및 배려자	6						
	교과	학생부우수자	70		교과100				
	논술	논술우수자	74		논술60+면접40			○	
충남대	학종	재능우수자(SW)	3	컴퓨터공학과	서류100	서류60+면접40			
가천대	학종	가천SW	15	소프트웨어학과	서류100	서류50+면접50			
KAIST	특기자	특기자	20	무학과	서류100	서류60+면접40			○
한양대	특기자	소프트웨어인재	13	컴퓨터소프트웨어학부	서류100	면접100			
서울여대	학종	학생부종합	7	디지털미디어학과(2)	서류100	서류60+면접40			
				정보보호학과(3)					
				소프트웨어융합학과(2)					
부산대	학종	학생부종합 II	10	전기컴퓨터공학부	서류100	서류80+면접20			○
동국대	특기자	특기자(SW)	14	컴퓨터공학(10)	서류40+실기60		○		
				멀티미디어공학(4)					
국민대	특기자	소프트웨어특기자	10	소프트웨어학부	수상 실적 100	수상20+면접50+교과30			
중앙대	교과	교과 성적 우수자	25	소프트웨어융합대학	서류100	서류70+면접30			
	학종	국민프런티어	34						
		학교장추천	20						
		사회기여 및 배려자	8						
		농어촌 학생	6						
		기회균형	3						
	특기자	특기자전형	10						

트웨어 중심대학 사업 공모 당시에 관련 인재를 선발할 수 있는 전형으로 특기자전형을 예시로 들었고, 교육부에서는 고등학교 교육 정상화 지원 사업 등을 이유로 특기자전형의 축소를 예로 들었기 때문이다. 특기자전형의 확대와 축소가 한눈에 봐도 서로 상반되는 내용임을 알 수 있다.

좀 더 이해하기 쉽게 설명하자면 미래창조과학부가 내세우는 특기자전형의 확대는 말 그대로 학교 교육에서 인정하지 않는 외부 수상 실적의 적용을 의미한다. 반대로 교육부에서 이야기하는 특기자전형의 축소는 외부 활동을 기록하지 않는 교내 생활기록부 내용의 충실도를 기반으로 고등학교 교육 내에서의 인재 선발을 기본 골자로 하고 있다.

소프트웨어 관련된 과를 가고 싶어하는 고등학교 3학년 친구가 2명 있다고 가정해보자. A학생은 학교생활에 충실하면서 정보올림피아드 대회나 각종 소프트웨어 경진대회에 나가 여러 번 수상한 기록을 가지고 있다. 반면, B학생은 교내 대회에서 입상한 기록은 있지만 정보올림피아드 대회 또는 외부 대회의 참가 기록은 가지고 있지 않다. 이 두 명의 학생이 원하는 대학교에 가기 위해서 수시를 준비한다고 할 때 과연 각자 어떤 전형으로 입학 원서를 넣는 것이 유리할까?

외부 수상기록을 가지고 있는 A학생은 본인의 수상기록을 포트폴리오로 제출할 수 있는 소프트웨어 특기자전형을 도전하는 것이 적절하다. A학생이 학생부종합전형으로 컴퓨터와 관련된 과를 지원한다면 고등학교를 다니며 나갔던 각종 대회 수상 기록을 아무것도 쓸 수 없게 되기 때문이다.

그렇다면 B학생은 어떤 전형으로 학교에 입학 지원을 해야 할까? 학생부종합전형을 통한 소프트웨어학과 입학을 노리는 것이 바람직하다. B학생이 소프트웨어 특기자전형에 입학원서를 넣게 되면 A학생처럼 외부 활동이 많은 친구들과 경쟁을 해야 하기 때문에 상대적으로 활동이 적어 보일 수밖에 없기 때문이다.

이처럼 미래창조과학부와 교육부에서 바라보는 소프트웨어 인재에 대한 견해가 완전히 달랐다. 미래창조과학부가 바라보는 소프트웨어 특기자전형은 '소프트웨어 분야에 뛰어난 역량을 가진 인재'를 뽑는 전형이었기 때문에 그 분야에서 뛰어난 성취를 이룬 학생들을 필요로 했다. 교육부에서 기존에 규정하고 있던 형식적인 특기자전형이 아니었던 것이다.

이런 양 부처 간의 갈등 속에 미래창조과학부에서는 소프트웨어 관련 인재를 꼭 특기자전형으로만 선발해야 한다는 입장은 아니라고 밝혔다. 교육부에서도 기존 학생부종합전형을 계속 활용하거나 소프트웨어 특기자전형의 인재선발규모가 큰 폭이 아니면(2015년 당시 40여 명 선발) 고등학교 교육정상화 사업에 영향을 미치지 않을 수 있다고 입장을 정리하였다.

소프트웨어 특기자 사업은 미래창조과학부가 주도적으로 추진할 수 있게 되었지만 학생부종합전형 선발과 특기자전형이 섞이는 다양함을 가져오게 되었다.

소프트웨어 특기자전형은 만들어진지 몇 년 안 된 신규 전형이다. 소프트웨어의 기본 지식과 실기 능력까지 갖추려면 최소 2~3년은 준비할 수 있는 시간이 필요한 분야다. 그래서 올해까지는 소프트웨어 특기자전형의 지원자 레벨이 생각보다 높지는 않을 것으로 생각된다. 올해는 실기고사를 실시하는 학교가 많지 않다는 점 또한 짧은 기간이 만들어낸 메리트라고 판단된다. 해가 넘어갈수록 실기고사를 실시하여 학생의 실무 역량을 판단하는 대학들이 늘어날 것으로 생각된다. 그 이유 중 하나는 현장 중심의 실무 인재 육성이라는 교육 철학 때문이다.

그렇다면 이런 실무 중심의 인재를 선호하는 특기자전형을 준비하기 위해서는 어떤 전략을 써야 할까? 이해를 돕기 위해 실제 지도했던 학생들의 사례를 중심으로 한번 이야기를 펼쳐볼까 한다.

작년에 포항공과대학교에 합격한 친구가 있었다. 이 친구는 고등학교 1학년 때 극장에서 4D영화를 체험하면서 VR(Virtual Reality)이라는 가상현실 시스템에 관심을 가지게 되었다. 처음에는 가상현실의 매력에 빠져 관련 영화와 정보를 찾아보는 것부터 시작했다. 그러다 보니 점점 호기심이 늘어나 그 해 겨울에는 개발자 버전의 VR기기를 직접 사서 집에서 관련 콘텐츠를 체험하기 시작했다.

이런 가상현실뿐만 아니라 로봇에도 관심이 많아 학교에서는 로봇과 소프트웨어 동아리활동을 하고 있었다. 본인의 개발자 VR장비를 동아리에 기부하며 동아리원들이 함께 가상현실 시스템을 분석하고 공부할 수 있는 협력의 장을 마련하기도 하였다. 중학교 동아리발표 땐 VR기기의 체험부스와 함께 앱인벤터(Appinventor)로 구현한 로봇제어 시연까지 성공적으로 진행하였다.

이런 활동들은 모두 생활기록부에 고스란히 반영될 수 있었다. 평소에 수학을 좋아하다 보니 수학과 관련된 대회에서 입상한 기록까지 더했다. 6개 대학을 선정하여 입학원서를 넣을 때 학생부종합전형과 특기자전형의 밸런스를 적절히 맞출 수 있었다.

이러한 분야를 전공하고자 하는 학생들은 정말로 소프트웨어를 좋아해야 흥미를 발전시켜 나아갈 수 있고 대학 졸업 후에도 자신의 진로에 맞는 직업을 찾을 수 있다. 여기 자신의 진로를 가지고 실제로 사업까지 확장시킨 또 하나의 사례가 있다.

2009년 아이폰이 시장을 선도할 당시 유주완이라는 고등학생이 개발한 어플리케이션이 화제가 된 적이 있었다. 대부분 한 번쯤 써봤고 지금도 쓰고 있을 〈서울 버스〉 어플리케이션이다. 〈서울 버스〉 앱은 서울, 인천, 경기도의 실시간 버스 배차 현황과 노선을 확인할 수 있는 아이폰용 앱 서비스이다. 앱스토어에 등록되자마자 무료 애플리케이션 인기 1위에 올라섰으며 현재까지 약 25만 명의 사용자가 사용하고 있다.

〈서울 버스〉 앱의 개발 동기는 단순했다. "학원을 다닐 때 막차 시간을 몰라 걸어서 집까지 가고 있었는데 마침 막차 버스가 내 옆을 지나가더라. 그래서 버스 실시간 배차 현황을 확인할 수 있는 서울 버스를 만들 생각을 하게 됐다." 초등학교 4학년 때부터 html로 홈페이지를 만드는 등 프로그래밍에 관심이 많았고 다양한 프로그래밍

언어들을 경험한 것이 아이폰 개발 언어인 오브젝트-C를 다루는데 도움이 되었다고 이야기했다.

유주완 학생은 〈서울 버스〉 앱 개발의 경험을 살려 연세대학교 글로벌융합공학부에 당당히 합격했다. 이에 그치지 않고 〈서울 버스〉 모바일 앱의 서비스 강화를 위해 직접 회사를 차려 한 회사의 대표로써 사회적 책임과 활동을 병행하기까지 했다.

개발 7년이 지난 2017년 지금은 어떤 모습일까? 하루에도 수백 개가 넘는 앱이 나오고 사라지는 2017년의 모바일 시장에서 〈서울 버스〉는 어떤 위치에 있을까? 2014년 다음과 카카오가 합병하기 전, 다음 측에서 〈서울 버스〉 회사를 인수했다. 현재는 〈카카오버스〉라는 서비스명으로 1,000만 명의 사용자에게 지속적으로 사랑받고 있다.

한 학생의 순수한 아이디어가 개발로 이어질 수 있었던 것은 본인 스스로가 개발자로써의 역량을 갖추고 있었기에 가능했던 일이었다. 본인 스스로 개발할 수 없었다면 그 당시의 〈서울 버스〉와 지금의 〈카카오버스〉가 존재할 수 있었을까? 직접 개발을 할 수 없다면 외주 개발을 의뢰하거나 초기 개발비 확보를 위해 투자를 받아야 하는 상황을 맞이했을 것이다. 아무리 좋은 아이디어

를 가지고 있다고 하더라도 고등학생이 투자를 유치하기는 불가능했을 것이다. 투자가 이뤄지지 않은 상태에서는 외주 개발을 이용할 수도 없으므로 개발 자체가 가능하지 못했을 것이다.

또 하나의 의미 있는 내용은 초등학생 때부터 다양한 개발 언어(C 언어, html 등)에 관심을 가졌던 것이 고등학생이 되어서 직접 개발을 하는 데 많은 도움이 되었다는 점이다. 소프트웨어 교육이 정규 교과 과목으로 편성되면서 많은 학생들이 코딩을 교육받게 될 것이다. 하지만 단순히 암기하듯 코딩을 경험한다거나 정해진 수업을 숙제하듯 진행한다면 어린 학생들에게 코딩 교육은 오히려 부정적인 문제를 낳을 수도 있다.

유주완 대표는 한 언론사와의 인터뷰에서 "소프트웨어 교육이 화두가 되는 것은 바람직하지만 하고 싶은 학생을 대상으로 교육해야 한다. 주먹구구식으로 관심도 없는 학생에게 가르치면 공부를 강요하는 것과 다를 바가 없다"고 말하기도 하였다. 이어서 "소프트웨어

에 관심이 없는 학생을 대상으로 교육하면 효율이 떨어질 수밖에 없다"고 우려하기도 하였다.

지금까지 우리는 소프트웨어의 세계와 대표적 사례들을 살펴보았다. 그렇다면 우리 아이가 선택해야 하는 특기자전형은 어떤 것들이 있는지 요목조목 이야기해보도록 하자.

이제부터는 본격적으로 소프트웨어 특기자전형의 전형 분석을 시작해보려 한다. 현재까지 공개된 20개 대학교 중, 2018학년도 전형 계획을 밝힌 14개 대학교를 하나씩 살펴보며 준비 방법과 특징을 알아보도록 하자.

대학별 소프트웨어 입학전형 분석(1)

—

고려대학교

고려대학교의 경우 실기위주 특기자전형으로 소프트웨어 인재를 선발한다. 학과명은 컴퓨터학과로 모집인원은 18명을 선발한다.

특기자전형답게 수능최저가 없으며 국내외 고교졸업(예정)자라면 누구나 지원을 할 수 있다. 특히 검정고시 출신자도 지원이 가능하다. 상대적으로 기회가 적은 검정고시를 치룬 학생들에게도 좋은 기회가 될 수 있을 것으로 보인다.

고려대학교에서 중요하게 생각하는 포인트는 수학과 과학(물리, 화학, 생명과학, 지구과학 등) 성적이다. 학생이 소프트웨어 프로그래밍에 대해 수학적이고 과학적인 접근 사례 또는 보고서를 작성한 경험이 있다면 고려대학교에 지원할 때 어필 포인트로 작용할 수 있을 것이다. 그 외에도 온라인 정보보호와 관련된 활동, 봉사활동을 통한 도덕적 실천사례가 생활기록부에 반영되어 있다면 가점을 노

● 고려대학교 소프트웨어 입학전형 분석

특기자전형	〈모집인원〉	〈모집인원〉
	인문계열 : 186명(-102)	국제인재 : 290명
	자연계열 : 237명(-44)	과학인재 : 281명
	체육교육과 : 35명(-10명)	체육인재 : 45명

실기위주	특기자전형	442 (18)	<ul><li>1단계: 서류100</li><li>2단계: 1단계 성적50+면접50</li><li>※ 사이버국방학과</li><li>1단계: 서류100</li><li>2단계: 1단계 성적60 + 면접20 + 기타20(군 면접, 체력검정 등)</li><li>※ 체육교육과</li><li>1단계: 서류100</li><li>2단계: 1단계 성적70+면접30</li></ul>

학생부 위주 (기회균등특별전형: 사회공헌자Ⅰ · 사회공헌자Ⅱ · 농어촌학생 · 사회배려자 · 특수교육대상자 · 특성화고교졸업자 · 특성화고 등을 졸업한 재직자) / 실기위주 특별전형: 특기자전형

구분		일반전형	고교추천Ⅰ	고교추천Ⅱ	사회공헌자Ⅰ	사회공헌자Ⅱ	농어촌학생	사회배려자	특수교육대상자	특성화고교졸업자	특성화고 등을 졸업한 재직자	특기자전형
복수지원		상기 전형 중 1개 전형만 지원 가능			상기 전형 중 1개 전형만 지원 가능							가능
지원자격	일반고	○	○ 2018년 졸업예정자	○ 2018년 졸업예정자	○ 재수생까지	○ 재수생까지	○ 재수생까지	○ 재수생까지	○	-	-	○
	특목고	○	○ 2018년 졸업예정자	○ 2018년 졸업예정자	○ 재수생까지	○ 재수생까지	-	○ 재수생까지	○	-	-	○
	특성화고	○	-	-	○ 재수생까지	○ 재수생까지	○ 재수생까지	○ 재수생까지	○	○ 재수생까지	○ 산업체근무 2년 이상	○
	외국고	○	-	-	-	-	-	-	-	-	-	○
	검정고시	○	-	-	○ 2017년 이후 합격자	○ 2017년 이후 합격자	-	○ 2017년 이후 졸업예정자	○	-	-	○
수능최저학력기준		○	○	○	○	○	○	-	-	○	-	-
전형방법	전형요소	서류 면접	교과 면접	서류 면접	서류 면접	서류 면접	서류 면접	서류 면접	서류 면접	서류 면접	서류 면접	서류 면접
	선발방식	단계별	단계별	단계별	단계별	단계별	단계별	단계별	단계별	단계별	단계별	단계별

대학	계열	모집단위	입학정원	일반전형	고교추천Ⅰ	고교추천Ⅱ	농어촌	공헌자Ⅰ	공헌자Ⅱ	사회배려자	특수교육대상자	특성화고교졸업자	특성화고 등을 졸업한 재직자	특기자전형
정보	자연	컴퓨터학과	115	38	13	34	4	1	.	2	1	◎	◎	18
		사이버국방학과	(30)	.	.	.	.	.	.	.	.	.	.	(18)

려볼만 하다.

고려대학교 소프트웨어 특기자전형 선발 방식은 총 2단계이다. 1단계에서는 서류 100%로 모집인원의 5배수인 90명을 선발한 뒤 2단계 면접을 진행한다. 이때 1단계 평가 서류 목록에는 고등학교생활기록부, 자기소개서, 추천서, 활동증빙서류 목록표와 활동증빙서류 등의 자료를 제출해야 한다. 활동증빙서류란 고교 재학 중 취득한 각종 대회 실적들로써 특히 수학과 과학에 관련된 활동을 증빙할 수 있는 서류라면 많은 도움이 될 것이다.

2018학년도부터 소프트웨어 특기자전형의 컴퓨터학과는 자연계열로 분류되어 별도의 수학과 과학 관련된 실기고사 없이 면접만으로 평가받게 된다. 외부 수상 실적이 중요한 특기자전형인 만큼 소프트웨어와 관련된 외부(올림피아드 대회, 정보보안 대회, 코딩 대회 등)활동들을 자기소개서에 얼마나 잘 나타내느냐가 1단계 서류의 핵심이다. 자기소개서를 작성할 때 단순히 활동의 나열을 적기보다는 수학이나 과학적 역량을 소프트웨어와 융합하기 위해서 스스로 어떤 노력을 했는지 구체적인 사례를 들어 서술해야 한다.

2단계 면접이 50%의 높은 비중을 차지하는 만큼, 면접에서는 생활기록부와 자기소개서를 바탕으로 좀 더 핵심적인 경험을 이야기한다. 기억에 남는 소프트웨어 경험, 문제점, 해결책 등을 학생의 시각과 논리에 맞도록 설명하는 것이 중요하다.

대학별 소프트웨어 입학전형 분석(2)

—

서강대학교

　서강대학교는 2017학년도까지 운영됐던 외국어특기자전형과 수학과학특기자전형을 모두 폐지하면서 2018학년도부터는 공식적으로 특기자전형 항목이 사라진 상태다. 소프트웨어 중심대학이기 때문에 알바트로스 창의전형을 통해 지원 사업을 수행 중이다. 여기에 포함되는 전공과 모집인원은 컴퓨터공학전공 11명 선발, 커뮤니케이션학부 5명 선발, 아트&테크놀로지전공 25명이다. 다만 2019학년에는 알바트로스 창의전형의 선발 인원이 34명으로 약간 축소된다. 교육부의 특기자전형 축소에 영향을 받은 것으로 보인다.

　특기자전형답게 수능최저학력기준은 적용받지 않으며, 국내외 고교졸업(예정)자 중 소프트웨어와 관련된 분야에 역량을 보유한 인재라면 누구나 지원 가능하다. 다만 전공에 따라 약간의 차이가 발생한다. 커뮤니케이션학부와 컴퓨터공학전공은 외국고등학교, 검정고

수시	(2) 특기자전형 폐지 • 2017학년도의 외국어특기자전형과 수학과학특기자전형을 전면 폐지 • 단, SW중심대학 지원사업과 관련된 SW특기자 운영 (컴퓨터공학전공, 커뮤니케이션학부, 아트&테크놀로지전공)
알바트로스 창의	[커뮤니케이션학부, 컴퓨터공학전공] : 국내·외 정규 고등학교 졸업(예정)자 또는 관련 법령에 의하여 이와 동등 이상의 학력이 있다고 인정된 자로서 소프트웨어 관련분야에 뛰어난 역량을 갖춘 인재 ※ 외국고등학교는 2015년 3월(포함) 이후 졸업(예정)자, 검정고시는 2015년 4월(포함) 이후 합격자부터 지원 가능함 [아트&테크놀로지전공] : 국내·외 정규 고등학교 졸업(예정)자 또는 관련 법령에 의하여 이와 동등 이상의 학력이 있다고 인정된 자로서 아래 조건 중 하나에 해당하는 자 • 융합적 사고력을 갖춘 창의적 인재 • 소프트웨어 관련분야에 역량을 갖춘 인재

선발단계	서류	면접	평가서류	비고
1단계	100% (800점)	–	[필수] • 학교생활기록부 • 자기소개서 • 추천서 [선택] • 학교생활보충자료	• 서류평가는 학교생활기록부, 자기소개서, 추천서, 학교생활보충자료(선택)를 종합적으로 정성평가함 • 서류평가는 고등학교 재학기간 및 최근 3년 내 활동과 경험을 대상으로 함 • 학교생활보충자료는 최대 3가지 항목까지 가능하며, A4크기 3페이지 이내로 제출할 수 있음 • 자기소개서와 추천서는 한국대학교육협의회의 공통양식을 사용함 ※ 제출서류에 대한 확인이 필요한 경우, 본교 추천인 면담제에 의하여 지원자 본인 또는 해당 기관(학교나 관련 기관) 등에 전화 또는 방문할 수 있음
2단계	1단계 성적 80% (800점)	20% (200점)		• 면접시험 대상자에 한하여 실시함 • 일반면접 : 제출서류를 바탕으로 창의성, 문제해결능력, 다면적 사고력, 학업능력, 의사소통능력 등을 종합평가

대학수학능력시험 최저학력기준 : 적용하지 않음

시 출신자의 지원에 제한이 존재한다. 외국고등학교 출신은 2015년 3월 졸업자까지, 검정고시 출신은 2015년 4월 졸업자까지만 지원할 수 있다.

서강대학교 수시전형 중 알바트로스 창의전형만 유일하게 2단계 평가로 이뤄진다. 1단계 서류평가에서는 전공별 모집인원의 2~5배수를 선발한다. 1단계 평가서류는 생활기록부, 자기소개서, 추천서, 선택적으로 학교생활보충자료를 제출하도록 되어 있다. 학교생활보충자료의 경우 자유롭게 주제를 선택하여 A4용지 3페이지 내에서 최대 3가지 내용을 작성한 뒤 PDF로 만들어 서강대학교 원서접수 양식에 맞게 온라인으로 업로드 하도록 되어 있다.

면접은 20%가 반영되며 제출서류인 생활기록부와 자기소개서 등을 바탕으로 진로에 맞는 학업능력, 창의적 문제해결능력 등을 종합적으로 평가한다.

대학별 소프트웨어 입학전형 분석(3)

—

성균관대학교

성균관대학교는 자연계열의 소프트웨어 과학인재전형과 고른기회전형을 신설하여 각각 60명과 5명, 글로벌인재전형으로 40명을 선발한다. 미래창조과학부로부터 소프트웨어 중심대학으로 선정됨에 따라 소프트웨어 과학인재전형을 신설하여 60명을 선발하게 되었다. 학생부종합전형에 속한 소프트웨어학의 선발은 글로벌인재전형과 고른기회전형이다. 이 중 고른기회전형은 국가보호 대상자와 만학도, 서해5도 출신자를 대상으로 선발하기 때문에 모집인원의 규모가 적은 것이 특징이다.

소프트웨어 중심대학에서 특기자전형으로 선발하는 단일 학과 인원으로는 가장 많은 인원을 모집하는 학교이다. 지원자격으로는 졸업년도의 제한 없이 국내외 고교졸업(예정)자 중 소프트웨어와 과학에 관심이 있는 학생이면 누구나 지원 가능하다.

● 소프트웨어 중심대학 선정에 따른 소프트웨어과학인재전형 신설(60명) 및
　고른기회전형(정원내·외)에서 소프트웨어학과 선발

계열	모집단위 / 전형	학생부위주			논술위주	실기/특기위주		소계	학생부위주-특별전형(정원 외)			
		성균인재	글로벌인재	고른기회	논술우수	소프트웨어과학인재	예체능특기자		농어촌	특성화고	이웃사랑	장애인 등
자연계	자연과학계열	125		5	100			230	50	〈23〉	30	3
	전자전기공학부	93		5	60			158				
	공학계열	294		10	194			498				
	소프트웨어학		40	5	25	60		130				
	반도체시스템공학	25			15			40				
	글로벌바이오메디컬공학	15			8			23				
	건축학(5년제)	20			21			41				
	의예	15			10			25				
	사범대학 수학교육	20			10			30				1
	사범대학 컴퓨터교육	20			10			30				1

● 전형요약

구분		학생부종합			논술	실기/특기	실기/특기(예체능)				학생부종합(정원 외 특별전형)			
		성균인재	글로벌인재*	고른기회	논술우수	소프트웨어과학인재	영상, 무용, 스포츠과학		연기		농어촌학생	특성화고	이웃사랑	장애인 등
							1단계	2단계	1단계	2단계				
지원자격	일반고	○	○	○	○	○	○				X	X	○	○
	특목고	○	○	○	○	○	○				X	X	○	○
	특성화고	○	○	○	○	○	○				○	○	○	○
	해외고	○	○	○	○	○	○				X	X	○	○
	검정고시	○	○	○	○	○	○				X	X	○	○
	졸업년도	제한없음												
전형요소	서류	100	100	100		100	100	40		40	100	100	100	100
	학생부				40									
	논술				60									
	면접/실기							60	100	60				
수능최저		X	X	○	○	X	X				○	○	○	○

● 전형요소 및 반영비율

구분	서류
반영비율	100

● 제출서류

구분	자기소개서 온라인	추천서 온라인	활동 증빙자료 오프라인	지원자격 관련 서류 오프라인
성균인재	○	○(선택)	X	
글로벌인재	○	○(선택)	X	
고른기회	○	○(선택)	X	▶지원자격별 입증서류
논술우수	X	X	X	
소프트웨어과학인재	○	○(선택)	○(선택)	

● 성균관대학교 - 소프트웨어과학인재전형(60명)

1. 지원자격
: 고등학교 졸업(예정)자 또는 관계 법령에 의하여 고등학교 졸업자와 동등 이상의 학력이 있다고 인정된 자로서 소프트웨어과학에 관심 있는 자

2. 전형요소 및 반영비율

구분	서류
반영비율	100

※ 서류 : 학생부, 자기소개서, 추천서, 활동 증빙자료

3. 선발방법
: 서류평가 취득 총점 순으로 최종 합격자를 선발함

4. 수능최저학력기준 및 필수응시영역
: 없음

글로벌인재와 고른기회전형은 학생부위주의 평가가 목적이기 때문에 외부 수상 실적이나 활동을 제출할 수 없다. 특히 고른기회전형의 경우 수능최저가 적용되므로 주의가 필요하다. 소프트웨어과학인재전형은 특기자전형이므로 수능최저가 적용되지 않고 외부 수상 실적 및 활동을 제출할 수 있다. 자기소개서나 추천서는 온라인으로 제출이 가능하지만 활동증빙자료의 경우 꼭 오프라인으로만 제출하도록 되어 있으니 이 부분도 주의를 기울일 필요가 있다.

특이한 점은 서류평가 100%로 선발하기 때문에 면접이 없다는 부분이다. 그만큼 소프트웨어 역량을 드러낼 수 있는 자기소개서가 준비되어야 한다.

대학별 소프트웨어 입학전형 분석(4)

아주대학교

아주대학교의 소프트웨어 특기자전형은 소프트웨어학과에서 10명, 사이버보안학과에서 4명을 선발하여 총 14명을 선발한다.

아주대학교는 지원 자격이 까다로운 편이다. 소프트웨어학과의 경우 정보올림피아드 국내외 수상 실적이 있어야 하며 전국 단위 규모의 소프트웨어 경진대회 수상 실적 및 특기를 요구하고 있다. 사이버보안학과는 정보올림피아드 국내외 수상 실적 및 전국 단위 규모의 보안 경진대회의 수상 실적, 보안 분야의 Best of Best 과정 수료를 지원 자격으로 정하고 있어서 미리 준비된 인재를 뽑겠다는 강한 의지가 엿보인다.

또 한 가지 까다로운 점은 3수(2018학년도 기준)까지만 지원이 가능하다는 점이다. 2016년 2월 졸업자까지만 지원할 수 있으므로 이 부분도 주의를 기울여야 한다.

● 아주대학교 소프트웨어 모집시기별 전형유형 및 전형방법

모집시기	전형명	모집인원	전형요소 및 평가방법	수능최저기준
	SW특기자전형	14명	– 1단계(4배수) : 서류평가 100 – 2단계 : 1단계 70+면접 30	

계열	대학	모집단위	입학정원 (정원내)	모집인원 (정원내)	재외국민 및 외국인 (정원외)	수시																
						학생부교과					학생부종합								논술	실기	
						학교생활 우수자	지역인재	정원외			ACE	자기추천	고른기회 I	고른기회 II	특성화고 등을 졸업한 재직자	정원외			논술 우수자	SW 특기자	체육인재 (축구)
								농어촌	특성화고	기초생활						국방IT I	특수 교육	특성화고 등을 졸업한 재직자			
자연계	정보통신 대학	전자공학과	214	217	7	37	20	4	3	2	50	20	11	4					35		
		소프트웨어학과	104	105	3	11	10	3	1	1	21	11	4	1					17	10	
		사이버보안학과	39	39		5	4	1	1	1	10	4	1	1							4
		미디어학과																			
		미디어콘텐츠전공	56	56	2	12	6	1	1	1	24	4	3	1							
		소셜미디어전공	40	40	2	5	5	1	1	1	21	2	1	1							
		국방디지털융합학과	0	0												20					

● 아주대학교 - SW특기자전형 [실기위주]

: 2016년 2월, 2017년 2월 고교졸업자 및 2018년 2월 고교졸업예정자[조기졸업자 포함] 또는 2015년 1월 1일 이후 검정고시 합격자로서 아래의 기준을 만족하는 자
  - 소프트웨어학과 : 정보올림피아드(국제대회(IOI) 및 한국대회(KOI)) 수상실적자 또는 전국 규모의 SW 관련 경진대회 수상실적자 또는 SW 분야에 특기가 있는 자
  - 사이버보안학과 : 정보올림피아드(국제대회(IOI) 및 한국대회(KOI)) 수상실적자 또는 전국 규모의 보안 관련 경진대회 수상실적자 또는 보안 분야 BOB(Best of Best) 과정 수료자 또는 보안 분야에 특기가 있는 자

163

면접 비중은 30%로 높은 편은 아니지만 1차에서 실기 위주의 경력을 요구하는 만큼 2차 면접 때 실기에 관한 질문들이 나올 확률이 높다. 본인이 준비한 활동들을 다시 한 번 정리해서 면접을 대비하지 않으면 큰 낭패를 볼 수 있다.

대학별 소프트웨어 입학전형 분석(5)

—

경북대학교

경북대학교는 소프트웨어 특기자전형으로 컴퓨터학부 6명을 선발한다. 1단계에서 서류평가 성적순으로 5배수인 30명을 선발한 뒤 2단계 평가를 통해 서류점수 40%+실기점수 60%를 합한다.

1단계 평가 서류를 살펴보면 생활기록부와 자기소개서, 입상자료 및 자격증을 선택적으로 요구하고 있다. 특히 자기소개서에 소프트웨어 개발 및 프로그래밍 관련 활동을 포함시킬 수 있도록 되어 있다. 본인의 느낀 점과 부족했던 부분, 그리고 경북대학교에 입학하여 그런 부족했던 부분을 채울 수 있다는 것을 어필하도록 한다.

입상자료는 다른 특기자전형에서 요구하는 정보올림피아드 국내외 수상 실적 정도를 자료로 제출하면 된다. 자격증은 고등학생이 딸 수 있는 정보처리기능사, CCNA(Cisco Certified Network Associate)*, 네트워크관리사, 리눅스마스터 등의 자격증을 제출하

● 전형요소 및 반영비율

모집시기	전형명	모집인원	전형요소 및 평가방법	수능최저기준
	SW특별전형	6명	- 1단계(5배수) : 서류100 - 2단계 : 1단계 서류40+실기60	O

대학(계열)	모집단위	학생부교과		학생부종합						논술(AAT)	실기	특기자	SW특별전형
		일반학생	지역인재	일반학생	지역인재	사회기여자	사회배려자	고졸재직자	영농창업인재				
	컴퓨터학부	21		19		1	1			24			6

● SW특별전형(경북대학교)

> **소프트웨어 및 프로그래밍 분야에 재능이 있는 학생을 선발**

가. 지원 자격
- 고등학교 졸업자(2018년 2월 졸업예정자 포함) 또는 법령에 의해 고등학교 졸업 이상의 동등한 학력이 있다고 인정되는 자

나. 사정단계별 선발인원 및 전형요소별 배점

모집단위	사정단계	선발인원	전형요소별 배점(반영비율)		
			서류평가	실기	계
컴퓨터학부	1단계	500%	200점 (100%)	-	200점 (100%)
	1단계	100%	200점 (40%)	300점 (60%)	500점 (100%)

다. 선발 방법
1) 합격자 선발
   - 1단계 : 서류평가 성적순으로 모집단위별 모집인원의 500%를 선발함
   - 2단계 : 전형요소 성적 총점이 높은 순으로 모집단위별 모집인원의 100%를 합격자로 선발함
2) 후보자 선발 : 불합격되지 않은 자 전원을 후보자로 선발함

라. 서류평가
1) 평가자료
   - 학교생활기록부, 자기소개서
   - 추천서(선택), 추가 제출서류(해당자)
2) 평가내용
   - 전공적합성, 발전가능성, 자기주도성, 인성을 바탕으로 SW 개발능력을 종합적으로 평가
     ※ 50쪽(라. 평가내용) 및 51쪽(마. 모집단위별 전공관련 교과) 참조
     ※ 문의처 : 컴퓨터학부 사무실(053-950-5550)
3) 반영점수 : 200(최고점) ~ 0(최저점)

실기(프로그래밍) 과제	실기형태	고사시간
프로그래밍 기반 문제 해결, 평가 (C, C++, 자바, 파이선 등 활용 가능)	필답고사	120분

※ 수험생 준비물 : 필기 도구
※ 프로그래밍 언어는 수험생이 가장 자신있는 언어 사용 가능(C, C++, 자바, 파이선 등)
3) 반영점수 : 300(최고점) ~ 0(최저점)

1) 합격자 선발
   1) 1단계 사정 : 서류평가 성적순으로 모집단위별 모집인원의 500%를 선발함
   2) 2단계 사정 : 실기반영점수 60% 이상 득점자 중에서 각 전형요소 성적 총점의 고득점 순으로 모집단위
                별 모집인원의 100%를 합격자로 선발함

면 된다.

2단계 평가는 실기고사로 진행된다. 개발 언어인 C, C++, JAVA, 파이썬 등을 이용해 문제를 해결해야 하며 제한 시간은 120분이 주어진다. 문제를 주고 그 문제를 해결하기 위한 실력을 확인하는 과제이기 때문에 알고리즘을 설계할 수 있는 능력이 매우 중요하다.

경북대학교 소프트웨어 특기자전형에서 보기 드물게 수능최저가 걸려 있다. IT대학을 기준으로 국어, 영어, 수학 탐구(1과목)을 기준으로 수능 상위 3개 영역의 합이 8이어야 하며, 한국사는 4등급 이내여야 한다.

*CCNA(Cisco Certified Network Associate)는 시스코의 네트워크 기술 능력을 검증하는 가장 기초적인 자격증명이다.

대학별 소프트웨어 입학전형 분석(6)
—
세종대학교

세종대학교는 소프트웨어 중심대학 사업과 관련하여 소프트웨어 융합 단과대학을 신설하였다. 4개 학과를 운영하며 뽑는 전형도 다양하다. 학생부교과(학생부우수자), 학생부종합(창의인재, 고른 기회 및 사회기여 배려자), 논술(논술 우수자)전형을 통해 소프트웨어 인재를 선발하고 있다.

학생부교과의 경우 생활기록부 100%로 수능최저 없이 70명을 선발한다. 논술에서는 74명을 선발하며 수능최저를 맞춰야 한다. 학생부종합으로는 수능최저 없이 183명으로 가장 많은 인원을 선발하지만 2016년 2월 이후 국내 정규 고등학교 졸업(예정)자(단, 3학년 1학기까지 2개 학기 이상의 학교생활기록부 성적이 있는 자)까지만 지원 가능하다.

학생부종합을 좀 더 살펴보면 1단계 서류평가 100%로 선발 인원

● 세종대학교 소프트웨어 입학전형

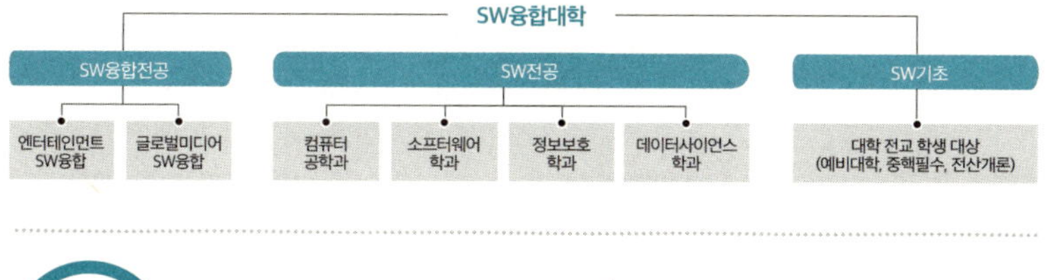

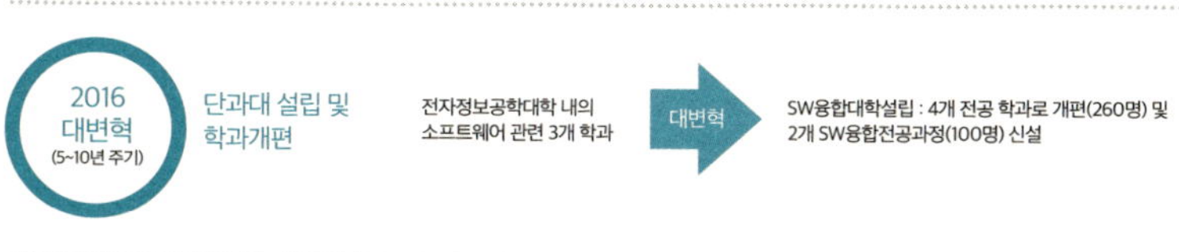

전형 및 모집단위		전형방법	모집인원	수능최저
학생부 교과	학생부우수자	학생부(교과) 100%	472	X
	국방시스템공학 (해군장학생)	1단계 : 학생부(교과) 100% [3배수] 2단계 : 1단계 80% + 해군전형 20%(체력검정 10% + 면접평가 10% + 신체검사, 인성검사, 신원조사 합/불 판정)	28	O
	항공시스템공학 (공군조종장학생)	1단계 : 학생부(교과) 100% [5배수] 2단계 : 1단계 100% + 공군전형(신체검사, 체력검정, 적성검사, 면접평가, 신원조사 합/불 판정)	14	O
학생부 종합	창의인재	1단계 : 서류평가 100% [3배수] 2단계 : 1단계 70% + 면접 30%	364	X
	고른기회		40	
	사회기여 및 배려자		30	
	특성화고교졸 재직자		66	
논술	논술우수자	논술 60% + 학생부(교과) 40%	434	O

계열	단과대학	모집단위	입학정원 (정원내)	학생부위주(교과)			학생부위주(종합)				논술 우수자	실기 우수자	예체능 특기자
				학생부 우수자	국방 시스템 공학 (정원외)	항공 시스템 공학 (정원외)	창의 인재	고른 기회	사회 기여 및 배려자	특성화 고교졸 재직자 (정원내·외)			
자연	소프트웨어융합	컴퓨터공학과	130	19			32	4	3		24		
		정보보호학과	30	6			8				6		
		소프트웨어학과	60	11			15				12		
		데이터사이언스학과	40	8			10				7		
		지능기전공학부	142	26			28	4	3		25		
		창의소프트학부	100										
		디자인이노베이션전공					45						
		만화애니메이션텍전공					45						

의 3배수를 뽑은 뒤 2단계 면접에서 서류 70%+면접 30% 비율로 최종 합격자를 선발한다.

세종대학교는 소프트웨어 중심대학으로 선정되면서 모집인원을 대폭 확대할 정도로 적극적인 모습을 보이고 있다. 2018년 2월까지 지상 12층 지하 5층 규모의 소프트웨어 융합대학 건물 신축을 계획 중이다. 기존 130학점(전공 72점, 교양 58점)이던 졸업학점을 140학점(전공 85점, 교양 55점)으로 상향하며 전문 인력의 양성에 총력을 기울이고 있다. 또한 미래 사회의 소프트웨어 기술 동향을 분석하여 대학 내 10개 세부 전공트랙을 운영하고 있다. 소속 학생들의 경우 학과와 관계없이 사물인터넷, 인공지능, 가상현실, 멀티미디어, 응용SW 등의 트랙을 이수할 수 있다.

대학별 소프트웨어 입학전형 분석(7)

충남대학교

충남대학교는 소프트웨어 중심대학 선정을 통해 최장 6년간 110억 원의 사업비를 지원받게 되었다. 이를 통해 국제적 수준의 소프트웨어 전문가 양성을 목표로 하고 있다.

충남대학교는 소프트웨어 전공 교육환경 구축을 위해 미국 퍼듀대학교와 글로벌 인재 양성 협약을 체결하고 교육 연수와 해외 기업에서의 인턴쉽 프로그램을 운영하고 있다.

학생부종합전형을 통해 컴퓨터공학과 3명을 선발하는데 1차 지원자격에서 눈여겨봐야 할 부분은 '출신 고등학교장의 추천을 받은 자' 항목이다. 출신 학교장의 추천이 필수 지원자격 중 하나로 포함되어 있으므로 충남대학교 재능우수자전형(소프트웨어)을 준비하는 학생이라면 학교장 추천서를 받을 수 있도록 미리 준비해야 한다.

1단계를 통과 후 2단계 면접에서는 전공적합성을 중심으로 심층

1. 모집인원 : 3명(컴퓨터공학과)

2. 지원 자격
  가. 국내 고등학교 졸업예정자
  나. 국내 정규 고등학교 학교생활기록부가 있는 자
  다. 소프트웨어 분야의 재능이 있거나 잠재력이 있는 자로 출신 고등학교장의 추천을 받은 자

3. 전형방법
  가. 전형요소 및 반영점수(비율)

전형	사정단계	선발비율	서류평가	면접고사	수능최저	전형총점
학생부종합 (소프트웨어)	1단계	300%	150점 (100%)	-	적용 안함	150점 (100%)
	2단계	100%	150점 (60%)	100점 (40%)		250점 (100%)

면접을 진행하고 1단계 서류 60%+면접 40%로 최종 합격자 3명을 선발한다. 수능최저는 없으며 학교장의 추천을 받아야 하므로 재수생은 응시가 불가능하다.

대학별 소프트웨어 입학전형 분석(8)

—

가천대학교

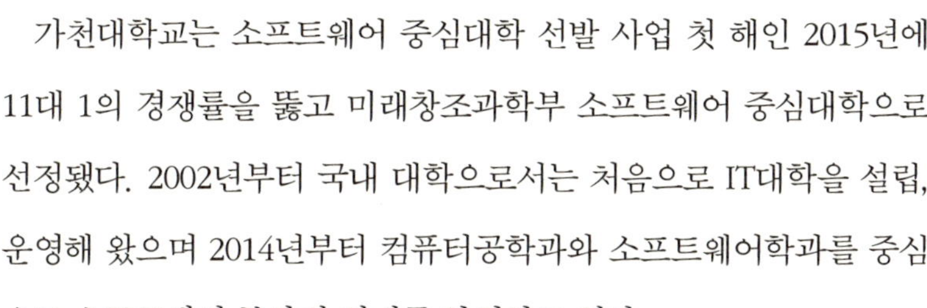

가천대학교는 소프트웨어 중심대학 선발 사업 첫 해인 2015년에 11대 1의 경쟁률을 뚫고 미래창조과학부 소프트웨어 중심대학으로 선정됐다. 2002년부터 국내 대학으로서는 처음으로 IT대학을 설립, 운영해 왔으며 2014년부터 컴퓨터공학과와 소프트웨어학과를 중심으로 소프트웨어 분야의 인재를 양성하고 있다.

가천대학교는 '가천 소프트웨어 기초교육센터'를 설립해 각 계열의 특성을 고려한 실기교육 과정을 만들었다. 전공지식과 소프트웨어 소양을 겸비한 융합인재를 양성하기 위해 2016년부터는 재학생 소프트웨어 교육을 의무화하고 있다.

학생부종합전형(가천프런티어)으로 소프트웨어 인재를 선발하며 수능최저는 적용되지 않는다. 1단계에서 서류 100%로 4배수의 학생을 선발 후 2단계 면접에서는 서류 50%+면접 50% 비율로 최종 합격

● 전형 요약 (가천대학교)

전형유형	전형명	모집인원	전형요소
학생부 종합	가천의예	15명	※ 가천의예 : [수능최저학력기준 적용]
	가천프런티어	462명	
	학석사통합(5년제)	53명	
	사회기여자	72명	1단계 : 서류 100% (4배수) 2단계 : 면접 50% + 1단계성적 50%
	농어촌	50명	
	교육기회균형	51명	
	취업자	25명	

계열	모집단위	학생부 교과					학생부 종합						실기	특성화고 등을 졸업한 재직자
		학생부 우수자	적성 우수자	가천 바람 개비	특성화 고교 (적성)	농어촌 (적성)	가천 의예	가천 프런 티어	학석사 통합	사회 기여자	취업자	농어촌	교육 기회 균형	실기 우수자	
자연	컴퓨터공학과(자연)	11	23	6	3	2		15	25	4		2	2		
	전자공학과	10	27	5	2	2		9	10	3		1	2		
	전자공학과(야)		15	3	1			5							
	에너지IT학과	8	15	5	1			7		2					

자를 선발한다. 2단계 면접 비율이 절반이나 되는 만큼 면접 준비를 철저히 해야 하며, 소프트웨어와 하드웨어(앱인벤터, 아두이노 로봇 코딩 등)에 관련된 경험들을 소신 있게 이야기 할 수 있어야 한다.

그 외에 학생부교과인 학생부우수자, 적성고사를 치르는 적성우수자 등의 전형을 통해서도 소프트웨어학과 지원이 가능하다.

대학별 소프트웨어 입학전형 분석(9)

—

KAIST

    카이스트는 2017학년도 특기자전형을 신설하고 특정분야의 우수성을 드러내는 영재에 대한 지원 및 교육을 강화하고 있다. 특히 외국인 학생의 선발인원을 카이스트 정원의 10%까지 확대하면서 각 구성원들의 질적인 향상과 더불어 글로벌 시대에 맞는 인재를 양성할 계획이다.

    총 모집인원은 20명 내외로 '무학과 입학 제도'에 의해 학과 구분 없이 입학 후 1학년 말에 학과를 자유롭게 선택 가능한 것이 특징이다. 특기자전형답게 수능 최저가 적용되지 않으며 각종 외부 수상 실적(정보올림피아드 국내외 대회 및 각종 보안, 코딩 경진대회, 소프트웨어 개발 산출물, 발명, 특허, 벤처 창업 등)을 정해진 양식에 포함하여 제출 가능하도록 되어 있다.

    이에 따라 관련 분야에서 많은 활동을 한 학생이 유리하다. 학교

● KAIST 소프트웨어 입학전형 분석

· 제출서류

구분		2017학년도	2018학년도
지원자격	특기자 전형	2017년 2월 기준 국내 고등학교 졸업(예정)자 또는 국내 법령에 의한 동등 학력자	2018년 2월 기준 고등학교 졸업(예정)자 또는 국내 법령에 의한 동등 학력자
전형방법	수시 면접	〈일반전형〉 · 사고력 · 문제해결력 　- 수학 : 공통 　- 과학 : 1과목(지원자 선택) · 사회적역량	〈일반전형〉 · 사고력 · 문제해결력 　- 수학 : 공통 　- 과학 : 1과목(지원자 선택) · 사회적역량 · **영어활용능력 평가 도입**
	정시 평가방법		· **영어 절대평가도입에 따른 등급별 점수 부여**
제출서류	특기자 전형	특기입증자료 · 특기입증자료 목록 작성 **최대 10개** · 특기입증자료 파일 업로드 **최대 10개**	특기입증자료 · 특기입증자료 목록 작성 **최대 5개** · 특기입증자료 파일 업로드 **최대 5개**

· **모집인원**
- 20명 내외
　※ 학과 구분 없이 모집(무학과 입학 제도)하며, 학생들은 입학 후 1학년 말에 학과를 자유롭게 선택함.

· **입학시기**
- 2018년 3월

· **지원자격**
- 다음 사항 중 하나에 해당하면서 특정 분야에 영재성을 가진 자
　· 2018년 2월 기준 국내 고등학교 졸업(예정)자또는 국내 법령에 의한 동등 학력자
　· 「조기진급 등에 관한 규정(대통령령 제27751호)」제4조에 따라 상급학교 조기입학 자격을 갖춘 자
　· 국내 고등학교 2년 수료예정자로서 「과학영재선발위원회규칙(미래창조과학부령 제1호)」에따라 지원자격을 인정받은 자

특정 분야 영재성 예시
· 활동 : 소프트웨어 개발, 발명 또는 특허, 벤처(창업) 등 특정분야에서 우수한 성취를 거두었거나 우수한 결과물을 산출한 경우 · 연구 : 국내 또는 국외 학술지에 논문을 게재한 경우나 그에 준하는 우수한 연구를 수행한 경우 · 교과 : 특정 교과에 매우 탁월한 역량과 성과를 나타낸 자 · 기타 : 특수한 교육환경이나 특이한 이력을 소유한 자로 잠재능력이 우수한 자

· **전형방법**
- 1단계(서류평가)
　· 평가방법 : 지원자가 제출한 모든 서류를 바탕으로 특기의 우수성, 학업성취도, 학교생활충실도와 인성, 창의와 도전, 발전
　　　　　　가능성 등을 고려하여 종합평가함
　· 1단계 합격자 결정 : 서류평가 결과에 따라 모집인원의 2배수 내외로 면접대상자를 결정함
- 2단계(면접)
　· 평가방법 : 면접을 통해 특기역량과 사회적역량을 종합평가함

구분	면접 내용 및 방법	비고
특기역량	특기 관련 우수성과 잠재력을 확인하는 개인별 구술면접	제출서류 기재 내용을 확인할 수 있음
사회적역량	사회적역량에 관한 질문을 활용한 개인별 구술면접	제출서류 기재 내용을 확인할 수 있음

· **최종 합격자 결정**
- 서류평가와 면접 결과를 6 : 4로 반영하여 최종 합격자를 결정함
　※ 특기자전형 지원자가 타 전형에 중복합격한 경우, 특기자전형 합격자로 처리함
　※ 수능최저학력기준 없음

에서도 '특정 분야에 영재성을 띤 활동'을 한 학생을 특기자전형으로 모집한다고 밝히기도 하였다.

1단계 평가인 서류 100%로 2배수를 선발 후 2단계 구술면접에서 서류 60%+면접 40% 비율로 최종 합격자를 선발한다. 1단계 서류 중 특기입증자료의 경우 2018학년부터 최대 5개만 넣을 수 있도록 변경됨에 따라 학생의 장점과 창의성을 나타낼 수 있는 자료를 선정하는 것이 더욱 중요해졌다.

카이스트는 특별법인 '한국과학기술원법'에 의해 설립된 대학교로 수시지원 6회 제한에 해당되지 않는다. 소프트웨어에 역량을 가진 학생이라면 충분히 도전해볼 가치가 있다.

대학별 소프트웨어 입학전형 분석(10)

—

한양대학교

한양대학교는 미래창조과학부가 주관하는 SW중심대학에 선정되면서 4년 동안 매년 20억 원씩 최대 80억 원의 재정을 지원받는다. 이에 따라 소프트웨어학부가 다이아몬드7에 선정되며 1·2학년 학생이 3.5점 학점 이상 취득할 경우 전액장학금을 지원하며, 3·4학년 학생에게도 산학장학제도에 선발되면 취업 연계 장학금을 지원한다.

한양대학교는 소프트웨어 대학을 새로 만들고 기존의 컴퓨터, 소프트웨어 관련 학과를 통합한 '컴퓨터 소프트웨어학부'를 신설했다. 이외에도 자율주행 자동차, 바이오산-업, 벤쳐 창업, 비즈니스 등의 학문과 연계해 IT 비즈니스 융합 프로그램을 개설하고 다전공제도도 운영하고 있다. 전임교원수도 25명에서 43명으로 늘릴 계획이다.

소프트웨어 대학의 규모가 커지고 있는 만큼 다양한 교육 서비스가 신규로 등장하고 있다. 그중 하나가 2017년에 선보인 국내 첫 대

수시/정시 다이아몬드7 학과 합격자 전원 전액 장학금 지급

다이아몬드7 학과

자연계
(장학금 구성 : 한양대 2년 100% + 기업후원 2년 100%)
**융합전자공학부 컴퓨터소프트웨어학부
에너지공학과 미래자동차공학과**
*장학금 지급 학점 유지조건 : 직전학기 성적 3.5 이상

인문/상경계
(장학금 구성 : 한양대 4년 100%)
**행정학과 정책학과
파이낸스경영학과**

1. 모집단위 및 모집인원 : 컴퓨터소프트웨어학부 13명

2. 지원 자격
- 2013년 2월 이후(2013년 2월 졸업자 포함) 국내 정규 고교 졸업(예정)자 중 고교 재학기간 동안 SW관련 활동 우수자
 ※ 검정고시 출신자, 국외고교 졸업자 등 학교생활기록부가 없는 자는 지원할 수 없음.

3. 제출서류
- 학교생활기록부 및 소프트웨어 관련 활동 소개서
 ※ 제출서류 양식은 추후 모집요강에 공지 예정

4. 전형방법

전형단계	전형방법	선발
1단계	서류평가 100%	5배수 내외
2단계	면접 100%	최종선발

학부설 소프트웨어 영재교육원인 한양SW영재교육원이다. 국내에서도 기존 영재교육원이 없었던 것은 아니지만 대부분이 수학, 과학 중심으로 운영되고 있었다. 소프트웨어에 특화된 영재교육원이라는 부분에서는 국내 최초라고 할 수 있다. 나와 함께하는 초·중고등학생 학생들도 올해 한양대 SW영재교육원에 입학하기 위해 한창 2차 면접 준비를 하고 있다. 첫 해 경쟁률이 생각보다 치열해서 다들 긴장하며 열심히 준비 중이다.

다시 특기자전형 이야기로 넘어오면, 컴퓨터소프트웨어학부에서

는 1단계 평가인 서류 100%로 5배수 내외를 선발 후 2단계 면접에서 면접 100% 비율로 최종 합격자 13명을 선발한다. 면접의 비율이 100%이기 때문에 그 어떤 학교보다도 면접을 철저히 준비해야 한다. 1차 서류로 제출한 소프트웨어 관련 활동 소개서의 내용을 물어볼 수 있으니 그동안의 활동을 '동기→소프트웨어 활동→문제 해결→느낀 점→입학 후 포부'의 순서로 정리하도록 한다.

특별한 지원자격의 요건은 없지만 2013년 이전 고교 졸업자는 지원할 수 없으며 생활기록부가 없는 검정고시 및 외국고 졸업자 등도 지원이 불가능하다. 특기자전형인 만큼 수능최저는 적용되지 않는다.

대학별 소프트웨어 입학전형 분석(11)

—

서울여자대학교

서울여자대학교는 2016년에 소프트웨어 중심대학으로 선정되어 학사개편을 통해 기존 멀티미디어학과를 '소프트웨어융합학과'로 변경 운영 중이다. 이에 따라 지·덕·술이라는 교육목표를 바탕으로 IT 산업의 여성 전문인력 양성을 위해 힘쓰고 있다.

지: 소프트웨어가 사용되는 다양한 분야의 필요한 이론과 기술을 습득

덕: 창의적 사고와 선지자석인 사명감으로 인류에 기여할 창의기술을 개발하고 나눔

술: 급속히 변화하는 소프트웨이 중심 사회의 「다양한 첨단기술들을 활용하여 창의적

으로 개발할 수 있는 여성 전문인을 양성

서울여자대학교는 2017년에 한국오라클과 첨단 디지털 캠퍼스 구축 및 소프트웨어 인재 양성을 위한 MOU(양해각서)를 체결하였

● 서울여자대학교 소프트웨어 입학전형 분석

계열	대학	모집단위	모집 인원	수시												정시		
				학생부 종합								학생부 교과		논술	실기	[가]군	[나]군	[다]군
								고른기회 I			고른 기회 II	교과 우수자★	교과 우수자 (체육)	논술 우수자★	실기 우수자	일반 학생	일반 학생	일반 학생
				바롬 인재	플러스 인재	융합 인재	기독교 지도자	기초 생활 수급자 외	농어촌 학생 (정원 외)	특성화 고교 졸업자 (정원 외) (학과제외)								
자연	미래산업 융합대학	패션산업학과	40	5	5	2	-	2	2		-	6	-	6	-	14	-	-
		디지털미디어학과	72	9	9	2	-	2	3		-	7	-	7	-	36	-	-
		정보보호학과	60	7	7	3	4	2	3		-	5	-	5	-	25	-	-
		소프트웨어융합학과	40	5	5	2	-	2	2		-	5	-	5	-	16	-	-

다. 서울여자대학교의 교수진과 학생들에게 오라클 아카데미 프로그램을 이용해 IT와 SW교육 정보를 무상으로 제공하고 IT 및 SW전공자와 비전공자의 소프트웨어 인재 양성을 위한 교육을 실시하고 있다.

미래산업융합대학의 학생부종합 선발 인원과 형태를 살펴보면 바름인재, 플러스인재, 융합인재 등으로 구분할 수 있으며 이외에도 논술과 정시 등을 통해 인재를 선발한다.

바름인재전형부터 살펴보면 디지털미디어학과 9명, 정보보호학과 7명, 소프트웨어융합학과 5명, 산업디자인학과 8명 등으로 IT관련 인재를 선발하고 있다. 1차에서는 서류 100%로 3배수의 학생을 학과별로 모집 후 2차 면접을 통해 서류 60%+면접 40%로 최종 인원을 선발한다. 전형 이름에서 알 수 있듯이 바름인재전형의 서류에서 중요하게 생각하는 항목은 학교생활을 얼마나 충실히 해왔는가 하는 부분이다. 이런 부분을 잘 드러낼 수 있는 생활기록부와 자기소개서가 매우 중요하다. 학생의 전공적합성을 높게 평가하는 전형이기도 하다.

2차 면접에서는 일고리즘이나 기본 수학능력을 평가할 수 있는 제시문 면접이 진행된다. 소프트웨어와 과련된 알고리즘 분석 연습과 도표 등을 해석하는 연습이 필요하다.

플러스인재전형에서는 디지털미디어학과 9명, 정보보호학과 7명, 소프트웨어융합학과 5명 등을 선발한다. 1차는 바름인재전형과 동일하게 서류 100%로 모집인원의 3배수를 면접대상자로 선발한다.

플러스인재전형의 서류에서 중요하게 생각하는 항목은 지원 학생의 인성적 측면이다. 학교 내에서의 공동체 활동 및 기여도, 희생정신 등을 높게 평가한다. 이는 소프트웨어 개발이 혼자서는 할 수 없는 공동 수행 작업이라는 측면을 고려한 것으로 판단된다. 따라서 자기소개서에서 타인을 배려하고, 소프트웨어 관련 활동 중 개인의 이익보다는 공동체의 발전과 이익을 우선시했던 경험들을 서술하는 것이 좋다.

2차 면접에서는 바름인재전형과 마찬가지로 알고리즘이나 기본 수학능력을 평가할 수 있는 제시문 면접이 진행되기 때문에 소프트웨어와 관련된 알고리즘 분석 연습과 도표 등을 해석하는 연습이 필요하다.

융합인재전형에서는 디지털미디어학과 2명, 정보보호학과 3명, 소프트웨어융합학과 2명, 산업디자인학과 2명 등으로 IT관련 인재를 선발하고 있다. 1차, 2차 선발 방식은 앞에 설명한 전형들과 동일(1차 서류 100%, 2차 서류 60%+면접 40%)하다. 융합인재전형의 서류평가 방법은 소프트웨어 관련 활동을 다른 학문과 융합했던 역량을 높게 평가하고 있으며 이런 경험을 중요한 평가 기준으로 삼고 있다. 소프트웨어 개발을 통한 봉사, 경영 활용 등과 같이 문과와 이과의 융합적인 인재를 선발하는 전형이라고 할 수 있다.

2차 면접에서는 1차 서류를 바탕으로 한 전공적합성과 융합적 사고력 등을 묻는 심층면접이 진행된다.

학생부종합의 세 가지 전형 모두 공통으로 수능최저는 적용받지 않으며 2015년 2월 이후 국내 고등학교(비인가 학교 제외) 졸업자까지만 지원할 수 있다.

대학별 소프트웨어 입학전형 분석(12)

—

부산대학교

부산대학교는 학생부종합전형으로 소프트웨어 인재를 선발한다.

2016년부터 소프트웨어 중심대학 선정에 따른 99억 원, 국비지원 70억 원, 소프트웨어 인재사관학교 20억 원 등 총 119억 원의 사업운영비를 지원받는다. 이에 따라 부산대학교는 소프트웨어 산업을 이끌어나갈 수 있는 대학교육체계와 교수진을 구축, 문제해결 실습 프로젝트, 기존 교과과정 개편 운영 등을 통해 소프트웨어 인재를 양성하고 있다.

전형을 살펴보면, 공과대학에서는 학생부종합전형으로 전기컴퓨터공학부 36명을 모집한다. 2015년 2월 이후 졸업(예정)자만 지원할 수 있으며 비인가 학교 출신자는 지원이 불가능하다. 1차 서류 100%(생활기록부, 자기소개서)로 학생을 선발하고 있으며 수능최저 기준이 적용된다.

● 부산대학교 소프트웨어 입학전형 분석

대학명	모집계열	전형우형 / 모집단위	교과	논술	학생부종합								실기				
			학생부 교과 전형	논술 전형	학생부 종합 전형Ⅰ	학생부 종합편성Ⅱ		사회적 배려 대상자 전형	고른기회 전형			특수교육 대상자	실기전형				체육 특기자 전형
						일반학생	지역학생		농어촌 학생	저소득층 학생	특성화 고교 출신자		일반 학생	농어촌 학생	저소득층 학생	특성화 고교 출신자	
			정원내	정원내	정원내	정원내	정원내	정원내	정원외	정원외	정원외	정원외	정원내	정원외	정원외	정원외	정원내
공과대학	자연계	기계공학부	91	57	46	10		6	5	4	2	8					
		고분자공학과	14	10	7			1	2	1							
		유기소재시스템공학과	12	9	6			1	2	1							
		화공생명 · 환경공학부	26	19	13			2	3	2							
		재료공학부	23	17	12			2	3	2							
		전자공학과	27	19	13			2	3	2							
		전기컴퓨터공학부	56	40	36	10		4	4	3							
		건설융합학부	57	40	33	10		4	4	2	1						
		항공우주공학과	12	9	6			1	1	1	1						

대학별 소프트웨어 입학전형 분석(13)

동국대학교

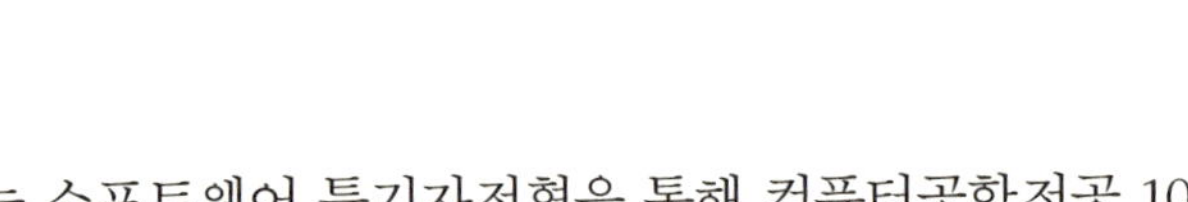

동국대학교는 소프트웨어 특기자전형을 통해 컴퓨터공학전공 10명, 멀티미디어공학 4명 총 14명을 선발한다.

동국대학교 입시특징은 실기고사를 실시한다는 부분이다. 실제로 실기점수의 반영 비율이 60%로 압도적으로 높게 측정되어 있다. 동국대학교 소프트웨어 특기자전형에 지원하기 위해서는 2차 실기고사를 치를 수 있을 정도의 알고리즘 설계 능력을 기본적으로 갖춰야 한다.

실기는 120분 동안 진행되며 컴퓨터공학의 경우 소프트웨어를 설계할 수 있는 코딩 능력을 갖춰야 한다. 멀티미디어공학의 경우 통계나 미디어, 그래픽스 등을 제작할 수 있는 알고리즘 설계 방식의 실기고사를 실시하며, 사회적으로 이슈가 되고 있는 VR, AR 등의 기술 이론 지식을 갖추면 많은 도움이 된다.

● 동국대학교 소프트웨어 입학전형 분석

대학	계열	모집단위		Do Dream	학교장 추천인재	불교 추천인재	국가보훈 대상자	농어촌 학생	특성화고 졸업자	기초생활 수급자 및 차상위 계층	특성화고 등을 졸업한 재직자	논술 우수자	문학	영어 일본어 중국어	SW	연기	영화영상	체육	계	캠퍼스
공과	자연	전자전기공학부		40	20	5	2	4		2		50							123	서울
		컴퓨터정보통신공학부	컴퓨터공학	15	12	3		3	2	2		15			10				62	
			정보통신공학	16	19	3		3	2	2		15							60	
		건설환경공학과		16	8	2		2		2		10							40	
		화공생물공학과		21	13	2		2		2		10							50	
		기계로봇에너지공학과		16	9			2		2		10							39	
		건축공학부	건축공학	17	16		2	2		2		10							49	
			건축학							2										
		산업시스템공학과		15	18	3		3				10							49	
		멀티미디어공학과		9	9			2				8			4				32	
		융합에너지신소재공학과		15	8			2				8							34	

189

두 학과 모두 실기를 대비하여 컴퓨터 구조론, 운영체제 개론, 네트워크 지식, 코딩 능력 등을 갖추는 것이 중요하다. 꾸준한 관심과 활동 없이는 실기를 성공적으로 치르기 어렵기 때문에 실기에 강한 학생들이 지원할 것을 추천한다.

앞으로도 실기고사를 치르는 학교들은 점점 늘어날 것이다. 소프트웨어 특기자전형을 준비하는 학생이라면 지금부터라도 꾸준히 관련 정보를 수집하고 본인의 활동 영역을 넓혀나갈 필요가 있다.

대학별 소프트웨어 입학전형 분석(14)

—

국민대학교

국민대학교는 다양한 전형을 통해 소프트웨어 관련 인재를 선발한다.

소프트웨어학부의 총 모집인원은 134명이다. 크게는 학생부교과, 학생부종합, 특기자전형 세 가지의 전형으로 나눌 수 있다. 본문에서는 특기자전형을 집중적으로 파헤쳐보도록 하자.

소프트웨어 특기자전형은 총 10명을 선발한다. 학생부교과나 종합에 비해 많은 숫자는 아니며 지원 자격 또한 까다롭게 구성되어 있다. 이런 모집인원과 전형을 통해 파악할 수 있는 것은 국민대학교의 인재 모집 기준이다. 정말로 소프트웨어에 뜻이 있으며, 관련 활동 내용이 풍부한 인재를 선발하겠다는 의지를 곳곳에서 확인할 수 있다.

임성수 국민대학교 소프트웨어융합대학장은 언론 인터뷰를 통해

● 국민대학교 소프트웨어 특기자 [특기위주]

계열	대학	모집단위	학생부 교과	학생부종합						특기위주	위탁교육 (정부)
			교과 성적 우수자	국민 프런 티어	학교장 추천	국가보훈대상자 및 사회적 배려 대상자	농·어 촌학생 (정원외)	기회 균형 (정원외)	특성화 고 등을 졸업한 재직자 (정원외)	취업자	특기자	공무원 위탁 (정원외)
자연	소프트웨어 융합대학	소프트웨어학부	25	34	20	8	6	3	-	-	10	-

가. 모집인원

계열	대학	모집단위	모집인원
자연	소프트웨어 융합대학	소프트웨어학부	10명

나. 지원자격(아래 사항 모두 해당자)

1) 국내고등학교 졸업(예정)자

전형구분	지원자격						
	일반고	특수목적고 (마이스터고 제외)	특성화고 (직업)/ 마이스터고	자율고/ 특성화고 (대안)	검정고시	국외고	학력인정 학교
소프트웨어	○	○	○	○	-	-	-

※ 학력인정 평생교육시설, 각종학교, 방송통신고, 고등기술학교등 관계 법령에 의한 학력인정 학교 또는 유사한 교육기관 등의 졸업(예정)자는 지원할 수 없음

2) 최근 3년 이내(개최일 기준 2014년 10월 이후)에 국내 정규 4년제 대학 주최 전국규모 컴퓨터프로그래밍 실기대회, 국제정보올림피아드(IOI), 한국정보올림피아드(KOI), 소프트웨어중심대학사업협의회 주최 컴퓨터 프로그래밍 경진대회 및 2017년 1월 이후 본교가 주최하는 국민대학교알고리즘대회에 출전하여 개인전 상위 입상한 자
3) 3학년 1학기까지 3개 학기 이상의 본교 반영교과영역의 지정교과목 석차(과목, 학기 또는 학년(계열)별) 성적이 있는 자

다. 수능최저학력기준 : 없음

라. 전형방법 및 전형요소별 반영비율(배점)

1) 1단계 : 해당 입상성적으로 모집단위별 모집인원의 3배수(300%)를 1단계에서 우선 선발합니다.
2) 2단계 : 1단계 선발인원 중에서 2단계 전형요소별 반영비율(배점)에 따른 전형 총점의 성적순으로 모집인원의 100%를 최종 합격자로 선발합니다.

전형형태	1단계 선발인원	구분		지원자격					
				1단계		2단계			
				특기 (입상성적)	계	1단계 성적	면접	학생부교과	계
단계별	300%	전형요소별 명목 반영비율		100%	100%	20%	50%	30%	100%
		전형요소별 실질 반영비율		100%	100%	1.96%	61.27%	36.77%	100%
		전형요소별 반영점수	최고점	1,000점	1,000점	200점	500점	300점	1,000점
			최저점	920점	920점	184점	0점	0점	184점

"국민대학교 소프트웨어융합대학은 국내 소프트웨어 분야 저변 확대와 산업 발전을 위해 창의적인 소프트웨어 개발역량을 보유한 인재를 양성하는 것을 목표로 한다"라고 밝히기도 했다. 소프트웨어융합대학 교육의 철학은 '최고를 넘어서는 창의적 소프트웨어 인재 양성'을 목표로 창의역량, 전문역량, 소통·글로벌역량 강화를 위한 교육과정의 운영이다.

국민대학교 특기자전형은 1단계에서 실기 입상성적 순으로 3배수를 선발 후 2단계 면접성적 50%+1단계 입상성적 20%+교과성적 30%를 합하여 최종 합격자를 선발한다.

1단계 실기 평가 기준은 다음과 같다. 국내 고등학교 졸업(예정)자 중 2014년 10월 이후 국내외 올림피아드, 소프트웨어중심대학사업협의회 주최 프로그래밍 경진대회, 2017년도 국민대학교알고리즘 대회 등의 입상실적이 필요하다. 또한 3학년 1학기까지 3개 학기 이상 국민대학교 반영교과영역의 지정교과목 석차성적을 필요로 한다.

2차 면접에서는 전공지식을 평가받을 수 있는 포트폴리오에 대한 질의응답을 준비해야 한다. 본인이 지참한 포트폴리오를 면접관들에게 논리석으로 설명히도록 한다.

이렇게 까다로운 입학 기준에 걸맞게 국민대학교 소프트웨어융합대학에 입학하는 신입생에게는 전원 50% 장학금과 노트북이 지급된다. 특히 소프트웨어 특기자전형으로 합격하는 학생은 4년간 전액 장학금을 받으며 학교생활을 할 수 있다.

대학별 소프트웨어 입학전형 분석(15)

—

중앙대학교

중앙대학교는 소프트웨어 지원 사업 수행대학 중에서 2017년도에 소프트웨어 중심대학으로 확대 전환되었다. 이에 따라 2018학년도에 소프트웨어학부를 신설, 학생부종합SW인재전형으로 67명을 선발한다. 또한 2019년도에는 소프트웨어대학 및 ICT융합 전문대학원을 신설할 계획에 있다.

특별한 지원자격 없이 고등학교 졸업(예정)자라면 지원 가능하다. 1단계에서 서류 3배수를 선발하고, 2단계 면접을 통해 서류 70%+면접 30%의 비율로 최종 합격자를 선발한다.

1단계 서류평가에서는 지원자의 소프트웨어관련 전공적합성, 탐구역량, 학업 역량 등을 종합적으로 평가한다. 이때 교사추천서가 중요한 역할을 한다. 동아리활동을 통한 소프트웨어 관련 탐구 내용에서 학생의 열정과 도전정신을 드러내는 것이 좋다.

● 중앙대학교 소프트웨어 입학전형 분석

모집단위 · 정원

대학	학과	계열	입학정원	기준학생정원	정원내모집인원
창의ICT공과	창의ICT공과대학	자연	437		51
	전자전기공학부	자연		200	160
	융합공학부	자연		87	70
	소프트웨어학부	자연		150	120

수시모집

학과	학생부교과전형	학생부 종합전형 다빈치형인재	탐구형인재	SW인재	사회통합	고른기회 기회균등	장애인등 대상	특성화고졸재직자	논술	실기전형 실기형	특기형	계
창의ICT공과대학												
전자전기공학부	9	32	44		2	5	○		58			160
융합공학부	10	10	23			4			23			70
소프트웨어학부	12			67			○		41			120

정시모집 · 정원내외 총계

학과	모집군	수능 일반	동일계	실기	고른기회 특성화고졸업자	학생부 종합형 전형 농어촌학생	기초생활수급자 및 차상위계층	특성화고졸재직자	계	정원내외 총계
창의ICT공과대학	다	91							91	91
전자전기공학부	다				6	5	3		14	174
융합공학부	다					4	2		6	76
소프트웨어학부	다				4	5	3		12	132

● 학생부종합(SW인재) (중앙대학교)

> • 고교 교육과정을 바탕으로 SW분야의 역량과 자질 및 성장잠재력을 갖춘 학생
> • 학교생활기록부, 자기소개서, 고교교사추천서 외 SW역량 입증서류 제출
> • SW인재 평가모형 및 평가요소에 대한 설명 : '학생부 가이드북'을 통해 확인 가능
>   (책자 발간 후 홈페이지 공고 예정)

가. 모집단위와 모집인원

계열	소재지	대학	모집단위	모집인원
자연	서울	창의ICT공과대학	소프트웨어학부	67명

※ 학칙개정에 따라 모집인원 및 모집단위가 변경되었습니다.(변경기준일 : 2017.4. 17)

나. 지원자격
- 고등학교 졸업(예정)자, 2학년 수료예정자 중 상급학교 진학대상자 또는 관계 법령에 의하여 고등학교 졸업자와 동등 이상의 학력이 있다고 인정된 자

다. 전형일정

구분		일시	비고
인터넷 원서접수		2017. 9. 11(월) 10시 ~ 13(수) 18시	- 입학처 홈페이지에서 인터넷 접수만 가능
서류제출		2017. 9. 11(월) 10시 ~ 15(금) 우편소인기준	- 해당자에 한해 우편제출(사. 제출서류 및 방법 참고)
자기소개서 입력		2017. 9. 11(월) 10시 ~ 18(월) 18시	- 입학처 홈페이지에서 입력
고교 교사 추천서 입력		2017. 9. 13(수) 20시 ~ 18(월) 18시	- 입학처 홈페이지에서 입력(외국고교 및 검정고시 출신지는 사. 제출서류및 방법참고)
1단계 합격자 발표		2017. 12. 6(수) 14시	- 입학처 홈페이지에서 조회
2단계	수험생 유의사항 공고	2017. 12. 6(수) 14시	- 입학처 홈페이지에서 조회 - 수험생별 면접시간은 1단계 합격자 발표 시 공고
	심층면접	2017. 12. 10(일)	
최초 합격자 발표		2017. 12. 15(금) 14시	- 입학처 홈페이지에서 조회 - 등록은 우리은행 전국 각 지점
최초 합격자 예치금 등록		2017. 12. 18(월) ~ 21(목) 16시	
충원 합격자 발표 및 예치금 등록		2017. 12. 22(금) ~ 27(수) (28(목) 16시까지 등록)	
합격자 전체 본등록금 등록		2018. 1. 31(수) ~ 2. 2(금) 16시	

※ 상기일정은 전형 진행에 따라 변경될 수 있으며, 추후 입학처 홈페이지를 참조 바랍니다.

라. 수능최저학력기준 : 없음

마. 전형방법
1) 전형요소 및 반영비율

선발단계	서류(%)	면접(%)	비고
1단계	100	-	3배수 내외 선발
2단계	70	30	

2) 서류평가
- 학생부, 자기소개서, 교사추천서 등 제출서류를 근거로 지원자의 SW전공적합성, 탐구역량, 학업 역량 등을 종합적으로 평가

3) 면접평가
- 학업준비도를 중심으로 인성 및 의사소통능력, 서류의 신뢰도 등을 종합적으로 평가하는 개인별 심층면접으로 제출서류에 대한 논리력 및 응용력에 대한 질의응답, 문제해결능력 등을 평가

2단계 심층면접에서는 1차 서류를 바탕으로 질문이 진행되며 논리적인 대답과 문제해결능력 등을 드러내야 한다.

학생부종합전형이므로 외부 수상 실적은 제출할 수 없으며, 수능 최저는 없다.

지금까지 살펴본 학교들이 2018학년도 소프트웨어 특기자전형 및 학생부종합전형 등으로 지원할 수 있는 소프트웨어 중심대학들과 관련 학과들이다. 개인적으로 궁금한 내용은 개인 메일 또는 멘토로 활동하고 있는 네이버 카페(학생부종합전형 이야기)를 통해 질문하면 답변해줄 수 있다.

● 멘토로 활동 중인 네이버 카페

개인 메일: ppys84@naver.com

카페명: 학생부종합전형 이야기

카페 주소: http://cafe.naver.com/studentstory7

● SW중심대학 선정 학교 리스트

중심대학 선정 년도	대학교 명
2015년	고려대학교, 서강대학교, 성균관대학교, 아주대학교, 경북대학교, 세종대학교, 충남대학교, 가천대학교
2016년	KAIST, 한양대학교, 서울여자대학교, 부산대학교, 동국대학교, 국민대학교
2017년	중앙대학교, 경희대학교, 광운대학교, 단국대학교, 조선대학교, 한동대학교

● SW중심대학 실기고사 현황

대학교 명		실기고사 내용
동국대학교	컴퓨터공학과	120분 동안 SW설계, 수학을 비롯한 계산 사고력, 프로그래밍 능력 등 SW 설계를 위한 기초 능력을 종합적으로 평가
	멀티미디어공학	120분 동안 프로그래밍, 멀티미디어공학 분야에서 활용 가능한 알고리즘 개발 능력을 평가할 수 있는 문제
경북대학교	컴퓨터학부	1단계 합격자를 대상으로 필답고사(120분) 형태의 프로그래밍 실기시험을 실시 단순한 프로그래밍 문법 평가가 아닌, 문제해결(알고리즘) 능력을 평가 프로그래밍 언어는 수험생이 가장 자신 있는 언어 사용 가능(C, C++, 자바, 파이선 등)

● SW중심대학 수시모집 1차 지원 자격 대학교 리스트

대학교명		1차 지원 자격
국민대학교		최근 3년 이내(개최일 기준 2014년 10월 이후)에 본교가 주최하는 국민대학교알고리즘대회 또는 국내 정규 4년제 대학 주최 전국규모 컴퓨터 프로그래밍 실기대회, 국제정보올림피아드(IOI), 한국정보올림피아드(KOI), 소프트웨어중심대학사업협의회 주최 컴퓨터 프로그래밍 경진대회에 출전하여 개인전 상위 입상한 자
아주대학교	소프트웨어학과	정보올림피아드(국제대회(IOI) 및 한국대회(KOI) 수상 실적이나 전국 규모의 SW 관련 경진대회 수상 실적 또는 SW 분야에 특기가 있는 자
	사이버보안학과	정보올림피아드(국제대회(IOI) 및 한국대회(KOI) 수상 실적이나 전국 규모의 보안 관련 경진대회 수상 실적, 보안 분야 BOB(Best of Best) 과정 수료, 보안 분야에 특기가 있는 자
충남대학교		소프트웨어 분야의 재능이 있거나 잠재력이 있는 자로 출신 고등학교장의 추천을 받은 자

교과공부 할 시간도 없는데 비교과, 교내대회라니!

학생부종합전형과
4차 산업혁명

우리는 또 한 번의 새로운 과학혁명을 맞이하게 되었다. 4차 산업혁명에 대한 논의가 전 세계적으로 이루어지고 있다.

최근 스위스 최대은행인 유니언뱅크가 발표한 우리나라의 4차 산업혁명 적응준비 순위가 25위라는 사실은 충격으로 다가온다. 우리나라의 세계 R&D 투자지출액 순위는 독일에 이어 6위를 기록하고 있다. 2017년부터 그 규모가 독일을 뛰어넘을 것이라는 전망이 나왔음에도 4차 산업혁명 적응준비 순위에는 기대에 못 미치는 성적표를 받았다.

이는 우리나라 R&D 투자와 평가방식에 대한 문제점에서 시작한다. 창조적 기술개발보다는 가시적인 성과에 주목하여 관련 특허출원과 SCI 논문의 게재 편수가 늘어났음에도 중장기적 연구성과가 턱없이 부족한 것이 그 핵심이라 할 수 있다. 기업과 정부가 단기적인 연구 성과에 몰두하는 모습이 R&D 분야에서도 전시행정의 결과가 야기된 것이다.

또한 창조라던가 융합이라는 단어를 사용하면서 특성이 다른 과학과 기술을 부조화하게 결합시키고 있다. 이는 단순결합과 진정한 융합의 의미를 오해한 결과라고 할 수 있다.

4차 산업혁명 적응 준비 순위의 평가척도는 노동시장의 유연성, 기술수준, 교육시스템, 사회간접자본, 법적보호 등의 5가지 항목이다. 노동시장의 유연성 부문에서 우리나라는 139개국 중 83위를 기록하였다. 교육에 대한 막연한 열정 덕분인지 교육시스템의 순위는 19위였으며 전체 성적에 비해 상위권에 랭크되어 있다. 그러나 학습역량의 증대 부분과는 별개로 해당분야 전문 인력의 양성에 대한 현실적 공급은 매우 어려운 상황이다. 석·박사 연구 인력의 양성이 활발하게 이루어지고는 있으나, 학력 인플레이션에 의해 학위만을 목표로 하는 허수도 존재하기 때문이다.

궁극적으로 일자리 문제는 교육의 문제와 밀접한 관련이 있다. 우리나라는 학력고사, 수능으로 대표되는 획일화된 교육방식이 뿌리깊게 박혀 있어 진정한 창의인재를 양성하기 어려운 구조를 갖추고 있다.

학생부종합전형과 기타 특기자전형 등의 비중은 날로 커지고 있다. 현재 상황에서도 수능을 기반으로 한 정시의 문은 26% 정도밖에 되지 않는다. 학생부종합전형이 창의적 인재를 양성하고 진로적 합성을 기본으로 교육이 이루어질 수 있음을 감안할 때 당분간 이와 같은 기조가 유지되며 확대될 것으로 예상된다.

실제로 '학생부종합전형으로 대학에 입학한 학생이 정시모집으로 입학한 학생보다 평균 학점이 높으며, 대학생활에 더욱 잘 적응한다'라는 흥미로운 연구결과가 있었다. 건국대 등 6개 대학의 입학생을 분석해 보니 학생부종합전형 입학생이 대학수업에 유연하게 적응하였으며 중·고교 시절 비교과 활동으로 쌓은 경험이 높은 학점으로 이어졌다는 것이다. 전공적합성 부분에서도 자신의 전공에 대한 이해와 만족, 적응도가 상대적으로 높다는 사실은 너무나 당연하다.

이처럼 학생부종합전형이 자리를 잡을 때까지 교과와 비교과를 동시에 해야 하는 아이들은 이중으로 부담을 떠안게 된다. 공부할 시간도 없는데 수행평가와 교내대회에 시달리고, 그 수준 또한 너무 어려워서 아이가 혼자 할 수 없다는 하소연이 많다.

선생님의 입장에서 너무나 안타깝게 느껴지는 부분이지만 교육의 기조는 당분간 바뀌지 않을 것이다. 학생 스스로 목표 의식을 가지고 자신의 역량을 키워가야 하는 부분이라고 생각한다.

교내대회, 수상 실적이 많아야 좋다?

서울대학교 합격생의 평균 수상 실적은 일반고 합격생들의 경우 40여 건, 특목고 및 자사고의 경우 20여 건 정도이다. 일반고 기준으로는 약 5개 학기 동안 매 학기마다 9~10건 정도의 수상을 해야 한다는 계산이 나온다. 그러니 결국 수상 몰아주기 교내상 남발의 결과가 아니냐는 고찰이 나올 수밖에 없다. 과연 수상 실적은 그 개수가 많아야 좋은 것일까?

결론부터 말하자면 수상 개수가 많은 것이 꼭 좋다는 것은 아니다. 생활기록부의 평가는 어디까지나 '정성평가'이다. 상의 개수가 40개면 만점, 20개면 감점, 10개면 0점인 것도 아니다. 단체수상에서 개인의 역할이 드러나는 것이 불분명하고 자기주도성이 드러나지 않는다면 남발된 상은 그저 학생기록부의 한 줄일뿐 무의미하다고 보면 된다.

중요한 것은 자신의 진로적합성에 맞는 스토리가 있는 수상이다. 이공계 진학을 희망하는 학생이 수학, 과학 등의 교과우수상을 꾸준히 타왔다면 해당 과목에 대한 관심으로 비춰진다. 영어, 국어까지 아우르는 전 과목에서의 교과우수상은 그 학생의 성실성을 평가하는 수단으로 쓰일 수 있다.

개정된 교육부의 기재 방식에 따르면 교내대회에서 참가인원의 20%만 수상할 수 있도록 하고 대회명과 상의 종류를 명시하게 하는 것으로 극히 제한하고 있다. 참가한 내용도 학생기록부의 다른 곳에는 전혀 적을 수 없도록 하였다. 결과만 적도록 하는 것이 과연 과정 중심의 평가에 적절한 조치인가 하는 의문이 생긴다. 차라리 수상 실적과 관계없이 모든 과정과 노력을 교사가 평가하여 기재해주는 것이 좀 더 바람직하지 않은가?

다만 상의 개수가 많다는 것은 그만큼 학교생활에 적극적인 태도로 임한 것으로 볼 수 있기 때문에 종합적으로 좋은 평가를 받기에 긍정적인 요소로 작용할 수 있겠다.

학생의
미래를 결정하는
연간계획

새로운 봄 학기가 시작되면, 학교에서는 보통 3월중에 교내대회 일정을 발표한다. 교내대회 일정이 나오기 전이라도 2·3학년 학생들이라면 작년 한 해를 통해 어느 정도 파악하고 있을 것이다.

이 중 교과관련 경시대회 등은 평소 자신이 공부하는 기본 실력으로도 충분히 커버가 가능하다. 일부 학교는 경시대회 문제 족보를 가지고 따로 공부하는 경우도 있지만, 이는 교과공부의 연장선상에 있다고 봐도 무방하다. 반면 학교가 개최하고 있는 각종 탐구대회, 토론대회, 논술대회, 발명대회, UCC대회 등은 상당히 많은 노력을 통해 이루어지는 것이다. 의미 있는 결과물일수록 많은 시간을 투자하여도 한 달 이상이 소요되는 경우가 많다.

그러나 교내대회가 게릴라성으로 3~4일 전, 일주일 전에 갑자기 공지되는 경우는 허다하다. 이 대회의 계획서, 결과물 등은 대부분

쉽게 얻어지는 대회가 아니기 때문에 학생들이 곤란함을 겪곤 한다. 게다가 과학대회들의 경우 3~4월에 몰려 있는 경우가 많다. 4월이 된 순간 4월 말에 있을 중간고사에 대한 우려로 참가하기가 어려워진다. 과학전람회, 발명품경진대회 등은 충분한 시간을 두고 주제를 정해야 한다. 주제와 제목을 정하는 순간 머릿속에 이미 실험부분에 대한 설계도 되어 있어야 하는데 현실적으로 수많은 학교들이 3일 내로 주제를 내고, 5월에 실험을 진행해서 6월에 발표하라고 한다. 이런 방식으로 진행되는 대회가 학생들에게 얼마나 도움이 될지 의문이다.

교내 대회가 학생에게 도움이 되려면 작년 케이스를 학사일정에서 미리 참고하여 연간 일정을 짠 뒤 필요한 대회는 미리 준비하는 자세가 필요하다.

교내대회 리스트의 확인

보통 3월이 되면 교내 홈페이지나 학기 초에 교내대회 관련 자료를 받게 된다. 학생들이 모든 대회를 참가하기엔 시간적으로 불가능하다. 대신, 이 중에서 본인의 전공과 관련이 있는 대회들을 고르면 된다.

이과 진학을 희망하는 학생이라면 수학·과학 관련대회들은 균형 있게 참가하는 것이 좋다. 진로 관련 대회의 경우에는 그 준비과정을 자신의 학생기록부상에 드러낼 수 있다. 향후 대입 면접에서도 전공 적합성 부분의 우수성을 드러낼 수 있으므로 꼭 참가하도록 한다.

● **2017학년도 ○○고등학교 교내상 시행계획(안)**

수상명	시행		참가대상	비율	담당부서
누구나 학교	1월		1학년	20%	1학년부
체험활동보고서(연구단지)	6월		1학년	20%	
체험활동보고서(학급별 체험)	6월		1학년	20%	
장애인식개선글쓰기	5월		전교생	20%	도움반
2017 나의 꿈 펼쳐보기	5~6월		1학년	20%	진로진학 상담부
2017 나의 희망 전공 설정하기	5~6월		2학년	20%	
2017 나의 직업체험 보고서 쓰기	5~6월		1, 2학년	20%	
2017 전공 계열 및 학과 탐색하기	8~10월		1학년	20%	
2017 진로 UCC 만들기	10~11월		1, 2학년	20%	
2017 나의 역할모델 설정하기	10~11월		1학년	20%	
2017 나의 취업 스토리텔링하기	10~11월		2학년	20%	
2017 동아리 진로 연계활동 발표하기	12~1월		1, 2학년	20%	
1학기 ○○영미문화탐구 project	7월		전교생	10%	인문사회부
○○TED	12월		1, 2학년	20%	
모의 유엔	7월		1, 2학년	20%	
문학비평문쓰기	5월		2학년	20%	국어교과
독서 서평 쓰기	7월		1학년	20%	
자기소개서쓰기	12월		1학년	20%	
'수학, 삶 마주 보기' 프로젝트	6월		1학년	20%	1학년 수학교과
수학적 모델링 프로젝트	11월		1학년	20%	
창의문제해결 프로젝트 I (확률과 통계)	5월		2학년 자연	20%	2학년 수학교과
창의문제해결 프로젝트 II (기하와벡터)		11월	2학년 자연	20%	
미적분으로 바라보는 인생그래프(미적분1)	5월		2학년 인문	20%	
창의융합 프로젝트 I (미적분 I)	6월		2학년 자연	20%	
창의융합 프로젝트 II (미적분 II)		11월	3학년	20%	
확률과 통계를 이용한 의사결정	10월		전교생	20%	
문제 창의 제작 프로젝트	6월		전교생	20%	3학년 수학교과
○○ 과학발명품 경진대회	3월		1, 2학년	20%	자연과학부
○○ 과학전람회	3월		1, 2학년	20%	
독후감쓰기부문	4월		1, 2학년	20%	
구조물원리부문	4월		1, 2학년	20%	
종이컵쌓기부문	4월		1, 2학년	20%	
낙하운동부문	4월		1, 2학년	20%	
미로모형만들기부문	4월		1, 2학년	20%	
과학골든벨부문	4월		1, 2학년	20%	
창의사고력부문	4월		1, 2학년	20%	
○○ 과학탐구 페스티벌	4월		1, 2학년	20%	
○○ 과학토론대회	4월		1, 2학년	20%	
과학동아리활동 페스티벌	7월		1, 2학년	20%	
○○ 결정성장 페스티벌	12월		1, 2학년	20%	
○○ 과학 UCC 페스티벌	10월		1, 2학년	20%	
창의사고력 대회	12월		1, 2학년	20%	
물리 시 페스티벌	6월		2학년	20%	
화학 포트폴리오 페스티벌	7월	12월	2, 3학년	10%	
생명공학기술탐구 프로젝트	5월		3학년	20%	
생활 속의 물리학 프로젝트	6월		3학년	20%	
모형항공기프로젝트	7월	12월	1학년	10%	
○○사회과학탐구프로젝트(법, 정치 논술)	7월	12월	2학년	10%	2학년 사회교과
스토리텔링 프리젠테이션(법, 정치)	7월	12월	2학년	10%	2학년 사회교과
창업아이디어공모전 (경제)	11월		1, 2학년	20%	일반 사회교과
○○사회과학탐구프로젝트(경제논술)	10월		1, 2학년	20%	일반 사회교과
1인 1과제 연구논문 프로젝트	12월		2학년	20%	대외협력부

○○고등학교 1학년인 김미래 학생은 의료 분야에 폭넓은 관심을 가지고 있으나 아직은 의대를 갈 수 있을지 확신이 부족한 상태이다. 따라서 의대에 진학하고자 하는 꿈과 의공학 관련 연구를 하고 싶다는 두 가지의 꿈을 모두 열어두고 학교생활을 하고자 한다. 김미래 학생은 평소 활달한 성격을 가지고 있으며 창의적인 아이디어를 내는 것을 좋아한다. 적극적으로 자신의 의견을 피력하는 성향을 가지고 있기도 하다.

앞의 교내대회 리스트 표를 보고 참가할 만한 대회를 미리 선정하여 준비하고자 할 때 어떤 대회 위주로 가는 것이 좋을까?

첫 번째, 다수가 참가하여 평가받는 각종 경시대회는 교과공부에도 도움이 되므로 참가하기로 한다.

두 번째, 자신의 진로분야 관련 대회를 선택한다.

세 번째, 수·과 관련 대회에서 창의성을 드러낼 수 있으며 자기소개서의 소재로도 쓰일 수 있는 대회를 선택한다.

네 번째, 대입에서의 자기소개서와 면접에 도움이 될 수 있는 대회를 선택한다.

다섯 번째, 교내활동 중 생활기록부상에 올라갈 수 있는 활동과 연계성 있게 참가하여 최소한의 노력이 드는 대회를 선택한다.

이런 목적성을 바탕으로 김미래 학생이 선택한 교내대회의 리스트는 다음과 같다. (여기서 각종 교과 경시대회는 학교마다 매우 상이하므로 리스트에서 제외하였다.)

체험활동 보고서의 경우 체험활동에 충실하게 참가할 수 있는 계기가 될 수 있다. 체험활동 자체가 생활기록부에 적힐 수 있는 활동이므로, 충실하게 참여한 뒤 수상까지 노려보기로 한다.

전공계열 및 학과 탐색하기의 경우에도 학생의 목표설정에 큰 도움이 된다. 무슨 과들이 존재하며 어떤 것을 배우는가에 대한 기본적인 조사뿐만 아니라 입학을 위해 필요한 부분은 무엇인지 찾아볼 수 있다.

대부분의 학교가 작년 입시결과를 홈페이지를 통해 공개하고 있는데 여기에는 자신의 목표대학과 학과의 내신 성적 등이 나와있는 경우가 많다. 관심을 가지고 있는 학교가 있다면 입학처 홈페이지 등을 꼼꼼히 살펴보고 내신 성석의 산출방법, 비교과 영역의 비중 등 공개하는 정보를 최대한 활용하여 조사해야 한다. 이로 인해 학생의 중장기적 목표가 수립되며 노력을 위한 원동력이 될 수 있다.

동아리활동의 경우 비교과 영역에서 가장 손쉽게 이용할 수 있는 부분이다. 자신의 진로와 연계된 소논문, 탐구, 발표활동들을 통해 전공에 대한 적합성과 열정을 드러낼 수 있다. 동아리활동과 연계된 대회참가로 학생기록부상에 잘 기재될 수 있는 방안을 마련했다고 보여 진다.

독후감대회는 가장 부담 없이 나갈 수 있는 대회일 것이다. 분량 자체도 많지 않고 독서를 하면서 면접까지 대비를 할 수 있기 때문에 학생들이 쉽게 접근 가능하다. 수상을 위해 꼭 명심해야 할 점은, 책을 요약하는 형태로는 절대 수상을 할 수 없다는 점이다. 독서와 관련된 대회에서 수상하기 위해서는 학생 스스로의 생각 또는 나름의 해석을 준비해야 한다. 그만큼 책의 주제 자체의 선정이 더욱 중요한 요소 중 하나일 것이다.

기타 TED 대회나 자기소개서 대회의 경우에도 대입에서의 활용도가 높고 자신의 적극성을 드러낼 수 있다. 대입에 도움이 되는 대회들이기 때문에 성실히 준비해보는 것이 좋겠다.

과학발명품 경진대회와 과학전람회, 과학토론대회는 난이도가 있고 경쟁도 치열하다. 수상을 위해서는 미리 준비할 필요가 있다. 이 대회들에 대해서는 다음 장에서 이야기하도록 한다.

연간계획의 수립

자신의 진로적성과 나갈 대회를 정했다면 학교의 학사일정과 대회일정에 맞추어 연간계획을 수립하는 것이 중요하다.

연간계획의 수립은 생활기록부에 적극적으로 반영될 수 있는 방안을 함께 강구해야 한다. 생활기록부는 1학기 마감이 8월말, 2학기 학년 전체 마감이 2월말로 규정되어 있어, 이 날짜 이후에는 거의 수정이 불가능하다. 이후의 수정은 절차가 매우 복잡하므로 모든 생활기록부 내용의 확인은 그전에 마치도록 한다.

교육부 규정에는 2월, 8월로 되어 있으나 보통 학교 선생님들은 방학하기 전에 자체적으로 생활기록부에 기재될 내용을 마감해버리기도 한다. 때문에 철저한 연간계획과 생활기록부 기재 내용에 대한 사전 점검이 필수적이다. 이때 수행평가에서 냈던 보고서나 전공적합성을 바탕으로 발표를 한 일부터 반 친구에게 도움을 준 일 등 사소한 활동들을 최대한 기억해내어(또는 미리 메모하는 습관을 통해) 어필한다면 좋은 생활기록부를 기대해볼 수 있다.

각 과목 선생님은 수십 명의 학생부터 많게는 이백 명까지 과목에 대한 코멘트를 작성하여야 하므로 모든 학생에 대해 기억해두었다가 생활기록부를 기재해주기란 현실적으로 불가능하기 때문이다.

연간계획은 1월부터 12월까지 자신이 나갈 대회를 적는 것부터 시작한다. 여기에 추가적으로 자율 동아리활동에 대한 계획(보고서, 연구, 동아리관련 대회를 나갈 테마)의 선정과 고찰이 이루어져야 3~4월에 동아리 계획서를 제출할 때 당황하지 않을 수 있다.

이를 바탕으로 생활기록부에 기재될 과목별 세부능력 및 특기 사항 등에 대해 미리 설계해두어 학기말에 항상 지참하고 다니는 것이 중요하다.

교내·외 과학 관련 주요대회로 역량을 입증하라

과학관련 대회 중에서 교내대회를 거쳐 각 시/도 교육청, 전국단위로 참가할 수 있는 대회는 과학전람회, 과학 발명품 경진대회, 과학탐구토론대회, 융합과학대회, UCC대회 등이 대표적이다.

교내대회에 우수한 성과를 낸 친구들을 좀 더 발전시켜 각 시/도 교육청 대회에 참가하도록 한 뒤 최종 본선대회에 참가하는 형태이다. 현재 우리나라의 각종 과학관련 대회로는 국립중앙과학관이나 한국과학창의재단, 한국 물리학회 등이 있다. 교내대회는 이러한 본선대회의 진행방식에 따라 결정되는 경우가 많다. 그 대표적인 예가 2017년에 그 방식이 완전 달라진 한국 창의재단의 과학탐구토론대회이다.

과학탐구토론대회로 면접 준비를

2016년까지 과학탐구토론대회는 3인1조의 학생으로 구성되었다. 토론 이전에 논문요약서와 30페이지 이내의 논문을 작성하도록 하고, 이를 바탕으로 발표팀의 발표와 반론팀의 질의와 반론, 발표팀의 응답, 평론팀의 평론 등으로 진행이 되었다.

2017년부터는 논문사전 작성 부분에서 사교육의 개입이 크다는 이유로 그 방식이 전격 바뀌게 되었다. 참가를 원하는 학생들은 2인1조로 조를 구성하여 토론 개요서를 작성하고 토론 규칙과 절차, 시간을 엄수하며 토론에 참여하였다. 가장 큰 변화는 사전에 주어졌던 토론논제를 대회 당일에 발표한다는 점이다.

많은 초·중·고등학교에서는 이를 어렵게 느낀 탓인지 교내대회에서도 예선을 통해 본선에 진출할 학생들을 선정한다. 그 진행방식은 학교마다 조금씩 차이가 있으므로 본인의 학교의 진행방식을 미리 알아보아야 한다.

2017년 교내대회를 진행하는 방식은 크게 두 가지로 나뉜다.

첫 번째의 경우, 교내 본선대회 3~4일 또는 일주일 전에 알려준다. 토론 개요서 작성(3~4장 분량)을 통해 3~5팀을 선발하고 토론을 진행하여 수상 여부와 상의 등급을 결정한다.

두 번째, 토론 논제를 공개하고 관련 자료를 나누어주며 토론 개요서를 그 자리에서 작성하게 한다. 작성한 토론 개요서를 평가하여 3~5팀을 선발하고 토론을 진행한 뒤 수상 여부와 상의 등급을 결정한다. 시간관계상 교내대회에서는 실제 토론을 진행하지 않는 경우도 있다. 약간의 진행방식에 차이는 있으나 두 가지 중 한 가지의 방법을 택해 진행하는 학교가 대부분이다.

토론대회는 결국 '토론 개요서'가 1차적으로 평가를 받는다. 교내대회를 타깃으로 한다면 토론 개요서 작성에서 그 중요도가 부각된다. (사실 창의재단 본선대회의 평가기준에서는 토론 개요서 작성은 전체 100점 중 10점 밖에 차지하지 않지만 말이다.)

토론 개요서 작성의 가장 중요한 포인트는 과학적 분석과 창의적 문제해결능력이다. 보통 '토론 논제에 대해서 과학적으로 분석하고, 그 해결방법을 창의적으로 제시하시오'라는 문항이 나오는데 과학적으로 분석하는 방법에 대해서 개요서 작성법을 익혀두는 것이 좋다. 창의적 해결방법은 하루아침에 문득 떠오르는 것이 아니다. 예상 논제에 끊임없는 관심을 가지고 독서와 기사 스크랩을 통해 학생의 식견을 넓혀가도록 한다.

당일에 발표되는 토론 논제는 어떻게 예상하고 창의적 답변을 낼 수 있을까?

최근 국내·외에서 주목받고 있는 여러 가지 문제점을 사전에 신문기사와 에세이 등으로 접하고 생각해보는 시간이 필요하다. 에너지, 물, 4차 산업혁명, 지진과 원전, 미세먼지뿐만 아니라 과학기술의 발달과 환경오염, 신기술에 대한 윤리적 관점까지도 토론논제로 가능할 수 있겠다.

신문기사에는 생각보다 많은 과학적 정보들이 나와 있다. 평소 해당 주제들에 대해 꾸준히 관심을 가지고 역량을 키운다면 대입면접까지 대비할 수 있는 시사상식을 쌓을 수 있다. 창의적 해결방법 부분에 대해서는 타고난 감각이 뛰어나지 않으면 커버하기 어렵다.

이는 기본적으로 과학·공학적 상식과 신기술의 조합을 통해 쉽게 접근해볼 수 있다. 예를 들어, 물 부족 문제의 해결을 위한 창의적 방안 제시를 주문받았다고 생각해보자. 사실 물 부족 문제의 큰 부분을 차지하는 것은 위생을 위해 사용되고 있는 물이다. 그 대표적인 예가 수세식 변기라고 할 수 있겠다. 수세식 변기는 한 번 물을 내릴 때 약 10L의 물이 소비된다. 겉보기에는 위생적으로 보이지만 물을 많이 낭비하고 있는 것이다. 환경·물 자원 관련 지문으로 창의적 아이디어를 제시하려면 건식변기의 새로운 형태를 제시하는 것도 하나의 해결책이 될 수 있다. 청결함을 유지하기 위해 나노코팅 기술 등 신기술을 접목시킨다면 학생으로서 공학에 대한 관심을 인정받고 창의적 아이디어를 발전시킬 수 있을 것이다.

218페이지의 표는 과학탐구토론대회에서 본선대회의 심사기준 및 배점에 대한 표이다.

심사영역은 크게 토론 개요서와 주장발표, 질의응답, 주장다지기(2분 발표), 팀워크의 항목으로 나뉜다. 실제 본선대회에서는 질의응답 부분의 배점이 가장 큼을 알 수 있다. 팀워크의 항목도 20점을 차지하기 때문에 한조를 이룬 두 명의 역할이 가시적으로 보이도록 하는 것이 좋다. 발표는 5분 발표와 2분 발표로 두 가지가 있다. 질의응답 부분에서는 질의와 응답을 너무 한 명에게 치우치지 않도록 역할을 분담한다. 질의를 정리하고, 대답하는 과정에서도 적절히 역

대학교명		1차 지원 자격	배점
과학적 탐구 능력 및 정보처리 역량	토론 개요서 작성	정보수집·처리 능력을 바탕으로 논제의 쟁점을 과학적으로 탐구하여 원인을 분석하고, 문제해결방안을 과학적이고 창의적으로 다양한 측면을 모색하여 토론 자료를 작성하였는가?	10
창의적 문제해결 능력 및 과학적 의사소통 역량	주장 발표	논제에 대한 원인분석과 해결방안을 과학적·창의적으로 제시하는가?	20
	질의응답	(질의) 상대방 주장의 허점을 찾아 간략하고 예리한 질문을 효율적으로 하며, 과학적·논리적 응답을 이끌어내는가?	30
		(답변) 질문의 요지를 파악하고 논리적으로 답변하여 자기 팀의 주장을 확실하게 하는가?	
	주장 다지기	교차 조사에 드러난 자신의 허점을 개선하여 자기 입장의 최종적인 정당성을 밝히는가?	20
역할 분담의 적절성과 참여태도		팀워크를 발휘하여 공동사고로 협력적 문제해결태도를 지니고 올바른 토의 태도를 가지고 임하는가?	20
총점			100

과학탐구토론대회 심사기준 및 배점 (출처 한국과학창의재단)

할을 분담하도록 한다. 지금까지 토론대회에 출제된 기출문제는 학교별로 조금씩 차이는 있지만, 예상을 벗어나는 범주는 아니다. 옆의 토론대회 기출문제를 확인해보길 바란다.

과학전람회로 실험설계능력을

과학전람회로 대표되는 R&E와 관련된 대회는 대부분 연구주제가 자유롭다. 자신의 진로적합성을 적극적으로 드러낼 수 있는 수단이 된다. 다만, 사교육이 개입하지 않고서 학생이 단독으로 진행하기에는 많은 어려움이 따른다. 교육부에서는 소논문에 대해 제재를 가하고 있는 상황이지만 대학면접을 보러 가면 가장 많은 질문을 받는 영역 중 한 부분이기도 하다. 고려대학교의 경우 소논문을 평가수단

우리나라가 제 4차 산업혁명에 적응준비 국가순위에서 뒤쳐지는 원인을 과학적으로 분석하고, 제 4차 산업혁명에 대비하여 고등학교 교육 현장에서 학교 차원에서 노력할 대안을 창의적으로 제시하시오. (전국단위 자사고 기출)

실생활 및 미래에 발생되는 문제 상황을 과학적으로 분석하고 이를 해결할 수 있는 다양한 측면의 문제해결방안을 창의적으로 모색하라. (강남지역 일반고)

공동주택의 층간소음은 예전부터 문제가 되어 왔고, 최근 환경부에서는 층간소음 분쟁을 조정을 위한 소음 기준을 마련하기도 하였다. 하지만 이러한 행정적 통제 이외에 공동 주택의 층간 소음을 슬기롭게 해결할 수 있는 방안을 과학적으로 탐구하시오. (용인지역 중학교)

지진의 예측이 어려운 이유에 대해서 과학적으로 분석하고, 지진을 효과적으로 예측하여 재앙에 대비할 수 있는 방안에 대해 창의적으로 탐구하시오. (강남지역 일반고)

인공지능이 응용될 수 있는 분야에 대해 생각해보고, 나타날 수 있는 문제점에 대해 과학적으로 분석해 보세요. (강남지역 초등학교)

원자력 발전소의 존폐여부에 대한 의견을 과학적으로 제시하고, 원자력 발전소의 대안을 제시하라. (서울지역 일반고)

으로 사용하지 않겠다고 선언했으나 아직도 많은 대학들이 학생의 연구실적을 궁금해하고 있으며 그 내용을 면접을 통해 자세히 확인한다. 소논문의 열기가 식기엔 아직 멀었다고 생각된다.

소논문을 작성할 때 가장 중요한 점으로 세 가지가 있다.

첫 번째로 진로적합성을 드러내는 주제의 선정, 두 번째로 실현가능한 실험의 설계, 마지막으로 분석가능한 분석방법의 제안이다.

소논문은 학교생활기록부 기재 방식이 크게 제한되어 있다. 제목과 참여인원, 참여시간만을 기재할 수 있도록 변경되어 소논문을 위한 과정과 노력을 적는 것이 극히 제한된다. 때문에 자신의 진로와 관련된 주제의 연구로 선정하여 작명하는 센스가 더욱 필요해졌다.

한 학교의 이름이 붙은 교내 과제탐구대회, 각종 R&E 소논문 대회의 개수를 고려해볼 때 최소 1년에 한 가지 이상의 주제 정도는 늘 준비되어 있어야 한다. 연구주제라는 것은(물론 사교육의 힘을 빌린다는 가정을 배제하였을 때) 생각보다 쉽게 나오는 것이 아니라는 것을 여러 학생들이 경험상 알고 있을 것이다.

소논문에서 창의적 실험설계와 분석과정이 빠진다면 수상권에 들기가 매우 어렵다. 과학전람회의 논문 분량은 30페이지 이내로, 교내 소논문대회의 경우에도 크게 다르지 않다. 20페이지는 넘어가야 수상이 가능하다 할 수 있겠다. 창의적 실험설계에 필요한 실험의 종류는 과학전람회 기준으로 2~3개 이상이며 그 분석방법까지 모두 계획이 되어있는 상태에서 실험을 설계해야 한다.

화학과 관련된 진로를 희망하는 김미래 학생이 끓는점 오름에 대한 실험을 진행한다고 가정해보자. 가장 먼저 해야 할 일은 연구주제에 대한 목차를 작성하는 일이다.

연구에 따라 약간씩 상이하지만 기본 틀은 다음과 같은 형태에서 크게 벗어나지 않는다.

I. 서론

II. 이론적 배경

III. 탐구과정

IV. 결론

V. 참고문헌

서론 부분에서는 탐구 동기와 탐구 배경, 목적을 서술한다. 필요한 경우 나의 연구의 독창성도 넣어주면 더욱 좋다. 독창성 부분을 강조하기 위해서는 선행연구에 대한 조사가 들어간다. 유사한 연구가 있는지를 찾고 (또는 모체가 되는 연구를 선정하여 발전시킨 뒤) 나의 독창성에 대해 서술하는 것이 좋다.

이론적 배경에는 끓는점 오류이라는 주제의 과학적 원리를 참고문헌 조사를 통해 객관적으로 서술한다. 관련 과학적 이론은 물의 상태도나 어는점 내림, 몰농도와 몰랄농도 등의 사실에 대해 이론적 탐구를 진행한다. 이때 인터넷 블로그 등의 자료보다는 교과서나 참고서 또는 전문 학술 논문을 참고하면 더욱 좋다.

가장 중요한 부분은 탐구과정과 결론일 것이다. 탐구과정에는

2~3가지의 개별 연구과제들을 넣고, 준비물부터 연구를 진행한 순서와 방법까지 자세하게 서술한다. 결론 부분에서는 탐구결과와 분석, 한계와 향후과제, 결론 및 느낀 점에 대해 서술하도록 한다. 그 결과 다음처럼 목차가 완성된다.

I. 서론

  1. 탐구동기

  2. 탐구의 배경과 목적

    (1) 탐구의 배경

    (2) 탐구의 목적

  3. 연구의 필요성 및 독창성

II. 이론적 배경

  1. 물의 상태도

  2. 끓는 점 오름

  3. 몰랄농도의 이해

III. 탐구과정

  1. 탐구과정의 준비

  2. 탐구과정 및 실험

    탐구1:

    탐구2:

    탐구3:

IV. 결론

1. 탐구 결과 및 분석

2. 탐구의 한계와 향후 과제

3. 결론 및 느낀점

V. 참고문헌

　　탐구 1,2,3은 실험설계의 핵심적인 부분을 차지한다. 이때 탐구 1,2,3은 특정 조건을 다르게 하는 실험으로 그 결과물까지 미리 머릿속에서 어느 정도 설계가 되어 있어야 할 것이다. 실험부분에서는 몰랄농도 등의 변수를 다르게 설계할 수도 있고 용질의 종류를 다르게 설계할 수도 있다.

과학발명품경진대회로 창의력을

　　과학발명품 경진대회는 보통 교내대회에서 시·도 예선에 진출할 학생을 선발하면 시·도 예선을 거쳐 전국본선대회로 나가는 스케일 있는 대회이다. 과학발명품 경진대회라고 하면 발명품만 개발하겠다고 생각하는 경우가 많지만 참가종목에 재활용을 활용한다던가 과학교구 등을 개발하는 항목도 있기 때문에 꼼꼼히 살펴보고 나가는 것이 좋다. 가장 무난하게 접근할 수 있는 것은 발명품이다. 이때 중요한 것은 제작 부분에 대한 고려이다. 학생들이 가장 어려움을 느끼는 부분도 제작 부분이며 학교에 따라 제작품을 요구하지 않는 경우도, 요구하는 경우도 있다. 학교의 작년도 요강을 살펴보고 파악해두도록 한다.

시·도 예선전 이상에서는 총 세 가지의 산출물이 필요하다. 작품 요약서, 작품설명서 그리고 제작된 발명품이다. 작품요약서는 가장 간단한 형태의 산출물이다. 반면 작품설명서는 20p 분량으로 그 형태가 소논문과 유사하다. 교내대회 수상만을 목적으로 할 때 제작품을 내라고 하지 않는 학교는 아이디어만으로도 충분하다고 할 수 있겠으나 교내대회는 상위 대회를 위한 예선의 의미가 있으므로 상위 대회로 진출할 가능성이 많은 작품이 선발된다는 뜻이기도 하다. 따라서 처음부터 제작이 가능한 주제를 선정하여 발명대회를 준비하는 것이 바람직하다.

발명품의 제작은 처음부터 끝까지 100% 완벽하게 이루어지지 않아도 무방하다. 예를 들어 기울임 센서를 이용하여 기울어지면 사용자에게 어플로 경고를 주는 제품을 만들고자 한다면, 기울어질 때 LED등으로 표시가 된다던지 알람이 울린다던지 하는 정도의 성능이면 충분하다. 학생수준에서 당장 교내대회를 위해 어플을 구현한다는 것 자체가 무리이기 때문이다. 운좋게 교내대회를 통과하고 일련의 과정을 선생님과 함께 진행할 수도 있겠지만 대부분의 학교에서는 이에 대한 지도가 제대로 이루어지지 않고 있다.

발명대회에 대비하기 위해 자신이 관심 있는 분야의 발명스케치를 늘 준비해두면 좋다. 엄마가 튀김요리를 하실 때 기름이 튀어서 위험할 수도 있는 모습, 학용품을 사용할 때 느낀 불편함 등 몇 가지 발명 아이디어를 메모하다 보면 의미 있고 재미있는 결과물이 나올 수 있다. 결국 발명품의 발명은 사용자의 불편함으로부터 온다.

6-5

학생에게
진짜 도움이 되는
교내대회
준비

   앞서 언급하였듯이, 교내대회의 리스트를 준비할 때 학생은 이 대회가 정말 나에게 도움이 되는가를 먼저 살펴볼 필요가 있다. 최소한의 시간을 투자하여 최고의 효과를 내는 것이 무엇보다 중요하다. 대회를 준비하는 시간이 '이 대회 준비하다가 공부 하나도 못했어!' 정도로 치부되지 않아야 한다. 학생은 자기계발에 도움이 되는 대회를 체계적으로 철저히 준비하는 자세가 필요하다.

체험활동, 진로활동 관련

   체험활동 보고서, 진로활동 보고서는 각 활동을 충실하게 참가할 수 있는 계기를 만들어준다. 생활기록부에 자신의 진로와 연관 지어 서술할 수 있다. 생활기록부상에 잘 적힐 수 있는 활동이므로 충실하게 참여한 뒤 대입 면접에서까지 활용 가능하다는 점이 특히 매력적이다. 관련된 강의를 수강하고 적극적인 질문과 참여를 통해 자신의 적극성을 어필한다면 보고서와 관련된 각종 교내시상 또는 생활기록부에서 좋은 결과물과 콘텐츠를 얻을 수 있다.

자기소개서, 전공계열 및 학과 탐색하기 관련

자기소개서 쓰기 대회는 흔히 있는 대회 중 하나이다. 자기소개서를 고3 막바지에 작성하고자 하는 학생들은 자신의 활동이 잘 정리되지 않고 어떤 소재를 어떻게 써야 하는지 막막해 한다. 교내 대회 참가와 수상 여부를 떠나서 자기소개서를 미리 작성해보는 활동은 학생부종합전형 대비를 위한 필수 과정이라 할 수 있다.

자기소개서의 내용구성은 굉장히 중요한 부분이다. 자신의 주요 활동 중 의미 있게 생각하는 활동을 중심으로 구성하다보면 자신의 자기소개서의 부족한 부분이 어느 곳인지를 깨닫고 그에 맞는 활동을 남은 시간동안 채워나갈 수 있다는 장점이 있다. 따라서 자기소개서는 최소 2학년이 끝나기 전에 한번 구성을 해보길 추천한다. 교내에 존재하는 자기소개서 쓰기 대회는 학생으로 하여금 미리 준비할 수 있는 자세를 길러줌과 동시에 부족한 부분을 채워줄 수 있는 긍정적인 요인으로 작용한다.

전공계열 및 학과 탐색하기는 되도록 빠른 시간 내에 이루어지는 것이 좋다. 일회성에 그칠 것이 아니라 매년 반복하여 수행한다. 이러한 활동은 학생의 목표설정에 큰 도움을 준다. 어떤 과들이 존재하며 어떤 것을 배우는가에 대한 조사는 기본 중의 기본이다. 자신의 진로희망 사유에 맞는 과는 어떤 과들이 존재하는지 자신의 성적과 활동영역을 비추어 볼 때 어느 쪽으로 진학하는 것이 유리한지를 종합적으로 판단할 수 있다. 대부분의 학교는 작년도 입시결과를 홈페이지를 통해 공개하고 있다. 학교마다 공개정보는 상이하지만 작년 합격생들의 내신 평균성적, 최저내신 등의 정보를 관심 있게 찾아보고 장·단기적 목표를 세우는 것이 학생에게 큰 원동력이 될 수 있다. 각 대학의 입학처 홈페이지에서는 수시모집요강에서 내신 성적의 산출방법, 비교과 영역의 비중 등을 공개하는 경우도 많이 있다.

면접에 도움이 되는 독후감대회, 토론대회, TED 발표대회 등

우리나라의 학생들은 어린 나이부터 책을 읽고 나서 독후감을 적도록 훈련받고 있다. 그래서인지 독후감 대회는 진입장벽이 가장 낮은 대회라고 할 수 있다. 분량 자체도 많지 않고 어차피 해야 할 독서를 하면서 나갈 수 있는 대회이기 때문이다.

학생들은 독후감을 적을 때 책의 요약을 적어내는 경우가 많다. 독후감 대회에서도 자연스럽게 책의 내용을 파악하여 그 내용을 요약하는 방식으로 참가한다. 그러나 독후감 대회는 책의 내용을 요약하는 대회가 결대 이니다.

오늘날의 독후감 대회의 수상작들은 거의 논술문과 유사하다. 책을 읽고 요약을 어떻게 하는가는 중요하지 않다. 책의 요지는 책을 읽어보지 않은 심사위원이 있을 때를 대비하여 애피타이저로 간략하게 정리하고 학생 스스로의 생각과 해석을 메인 요리로 삼아야 한다.

책의 주제는 가장 중요한 요소일 수 있겠지만 학생의 의견은 꼭 책의 주제에 국한되지 않아도 된다. 책에서 무언가 숨은 이야깃거리를 발견했다면 그것을 위주로 풀어가는 것도 추천할 만하다. 책은 면접에서 좋은 소재거리이기도 하다. 생활기록부상에 올라가 있는 책들에 대한 무작위 질문은 학생을 당황시키는 면접요소 중 하나이다.

토론대회와 TED 발표대회는 학생들의 발표력과 질문에 대답하는 힘을 키워준다. 면접이란 면접관의 질문에 잘 대답하고 자신의 의견을 조리 있게 피력할 수 있어야 하는데 이 대회들은 면접에 필요한 기본적인 소양을 길러준다.

다양한 성적의 학생들을 입시컨설팅에서부터 면접까지 지도해본 결과, 면접의 실력을 쌓으려면 중장기적으로 준비해야 하는 측면이 있다. 한 가지 공통적인 점은 면접의 종류를 가리지 않고 토론대회와 TED 발표대회를 여러 번 참여해본 경력이 있는 친구들이 훨씬 자연스럽게 면접에 임한다는 것이다.

면접은 크게 각종 시사에 대한 토론능력과 전공분야의 문제풀이 능력이 필요한 심층면접과 지원자의 잠재력, 전공적합성, 인성 등을 종합적으로 평가하는 인성면접이 존재한다. 상위권 대학은 심층면접과 인성면접이 동시에 존재하는 경우가 많다. 대부분의 중상위권 이하 대학은 인성면접에서 '서류의 진위성 여부 평가'를 중요하게 생각하고 있다. 학생부종합전형에서 면접은 필수 관문이다. 면접과 자신의 역량을 높일 수 있는 대회들을 준비해보는 것은 결코 시간낭비가 아닐 것이다.

생활기록부 기재 방식 변경에 따른 대회의 참가 여부

생활기록부의 기재 방식은 그동안 학생부 권한 및 기재 관련된 명확한 기준 등의 제시가 지속적으로 요구되어 왔다. 따라서 2017년부터는 학생부 제도, 기재 방식, 나이스 시스템, 책무성강화 및 인식개선의 4대 중점 개선과제를 발표하고 이에 대한 개선이 대폭 이루어졌다.

입력주체의 경우 그간 담당교사가 명확히 정해지지 않았던 부분에 대한 대폭 개신이 이루어졌다. 진로희망 사항은 담임교사가, 창제 자율·동아리·봉사 특기 사항에서 자율과 봉사는 담임교사가, 동아리활동은 동아리 지도교사가 작성한다. 교과학습발달상황 세부능력 및 특기 사항의 경우에는 교과담당교사와 담임교사가 기재할 수 있게 하였으며, 방과후학교의 경우에도 교과담당교사와 담임교사가 기재 가능하다. 행동특성 및 종합의견의 경우도 담임교사가 작성할

● 진로희망, 희망사유 기재 개선예시 (출처: 교육부)

<table>
<tr><td colspan="5" align="center">기존 기재 사례</td></tr>
<tr><td rowspan="2">학년</td><td rowspan="2">특기 또는
흥미</td><td colspan="2">진로희망</td><td rowspan="2">희망사유</td></tr>
<tr><td>학생</td><td>학부모</td></tr>
<tr><td>1</td><td>홈베이킹</td><td>파티쉐</td><td>파티쉐</td><td>요리하는 것을 즐기고 홈베이킹에 대한 해박한 지식을 갖고 있으며(이하 생략)</td></tr>
</table>

<table>
<tr><td colspan="3" align="center">개선 기재 사례</td></tr>
<tr><td>학년</td><td>진로희망</td><td>희망사유</td></tr>
<tr><td>1</td><td>요리분야</td><td>요리에 대한 해박한 지식을 갖고 요리하는 것을 즐기며(이하 생략)</td></tr>
</table>

● 교과학습발달상황 세부능력/특기 사항 기재 개선예시 (출처: 교육부)

<table>
<tr><td colspan="2" align="center">기존 기재 사례</td></tr>
<tr><td>학년</td><td>특기 또는 흥미</td></tr>
<tr><td>(1학기)
과학</td><td>과학기술 분야에 관심이 많으며, 과학기술의 기본이 현재 배우는 내용의 적용과 새로운 방식의 도입으로 발전한다는 것에 주목하며 과학기술자로서의 꿈을 키워감. 방과후학교 과학실험반(60시간)을 수강하는 과정에서 참여도 높고 뛰어난 발표력을 보임.</td></tr>
</table>

<table>
<tr><td colspan="2" align="center">개선 기재 사례</td></tr>
<tr><td>학년</td><td>특기 또는 흥미</td></tr>
<tr><td>(1학기)
과학</td><td>빛의 세기와 파장에 따른 광합성률 변화 실험 활동에 필요한 실험기구를 능숙하게 다루고 각 실험에 맞게 실험기구 및 환경을 세팅하였으며, 실험 결과 얻어진 정보를 활용하여 그래프로 변환하는 능력과 그래프를 해석하는 능력이 돋보임.
방과후학교 과학실험반(물리 및 화학 이론을 실험을 통해 습득), 60시간 수강</td></tr>
</table>

수 있다. 실무적인 측면에서도 그동안 입력주체가 크게 차이가 있진 않았기 때문에 입력 주체를 명시하였다는 사실 외에 크게 달라진 점은 없다.

기재 방식의 개선은 더 큰 관심사 중 하나이다. 표준 가이드라인을 제시하고 기재 예시를 활용하여 좀 더 정형화된 생활기록부 기재 방식으로 변경하고자 하였다. 수상의 경우 학교별로 사전 등록된 교내상만을 기재하며, 수상 사실 포함 참가사실 등 모든 부분에서 수상경력 이외에는 기재를 불가능하도록 하였다.

기존 기재 사례

학년	과목 또는 영역	독서 활동 상황
1	국어	(1학기) 평소 문학 책을 좋아하여 '아홉 살 인생(위기철)', '자전거 도둑(박완서)', '불균형(우오즈미 나오코)'처럼 교과서에 실린 소설들을 찾아 읽고 청소년 소설을 쓰는 작가의 꿈을 갖게 됨.

개선 기재 사례

학년	과목 또는 영역	독서 활동 상황
1	국어	(1학기) '아홉 살 인생(위기철)', '자전거 도둑(박완서)', '불균형(우오즈미 나오코)', '자전거 여행(김훈)'

기존 기재 사례

학년	행동특성 및 종합 의견
1	(학습 준비) 학습에 필요한 준비물을 챙기는 습관이 잘 형성되었고, 주변 현상에 대해 호기심이 많음. (관계지향성) 항상 친구들과 사이좋게 지냄. 수업 시간에 다소 산만하여 집중을 하지 않는 경우가 있지만, 학급에서 정한 규칙을 잘 지키고 자신의 생활을 되돌아보며 반성하는 태도가 바람직함. (협력) 매사에 의욕이 강하며 공동의 일에 항상 적극적으로 참여함. (학업) 수학과 문제 해결력이 우수하고 셈하는 속도가 빨라 수학과 학업 성취가 우수함.

개선 기재 사례

학년	행동특성 및 종합 의견
1	1학기 중간고사 성적표를 받고 나서 결과에 쓰로 만족하지 못하여 비슷한 성적을 가진 친구와 학습 멘토-멘티를 정하여 서로 부족한 공부를 가르쳐 주는 협동 학습을 하면서 친구들을 배려하는 모습을 보임. (이하 생략)

진로희망 사유에는 관심분야나 희망 직업을 기재하는데 이는 진로설계 및 변경 등을 고려한 것이다. 학부모의 진로희망과 특기가 사라지게 되었고 흥미부분도 사라졌다. 예전에는 진로희망에 특정 직업을 기입해야 했는데 한 분야에 내해 포괄적 흥미를 가지고 있는 학생이나 다방면에 흥미를 가지고 있는 학생의 경우 진로희망의 기재에 어려움을 느끼곤 했다. 특정 직업이 아닌 분야를 기재할 수 있도록 하는 것은 긍정적으로 평가된다.

그 외 교과학습발달상황 세부능력/특기 사항에는 학습과정과 성

중점 개선 과제	세부 개선 과제	적용 대상	적용 시기(년도)		
			2017	2018	2019
대기업	학생부 항목별 기재방식 개선	초·중·고	시행	계속	계속
	수상경력 기재양식 변경	초·중·고	초1 중1 고1	초1,2 중1,2 고1,2	초1,2,3 중1,2,3 고1,2,3
	진로희망 사항 기재양식 · 기재방식 변경	초5,6 · 중·고	초5 중1 고1	초5,6 중1,2 고1,2	초5,6 중1,2,3 고1,2,3
	기재예시 개발 및 적용	초·중·고	시행	계속	계속

취도를 기준으로 기재한다. 방과 후 활동은 강좌명과 이수시간을 기재토록 하여 통일성을 갖도록 하였다.

사실 가장 큰 관심을 끌었던 개선사항은 소논문 등으로 대표되는 자율탐구활동일 것이다. 소논문의 대필, 사교육의 개입 없이 학생 스스로의 힘으로로 해나가기가 어려운 상황에서 학생이 주도적으로 수행한 과제만 기재하도록 변경이 되었다. 특히 제목과 참여인원, 참가시간만 생활기록부에 기재되도록 가이드 하고 있다.

독서의 경우 독서성향 등을 포괄적으로 기재하였던 과거와는 달리 읽은 책의 제목과 저자만 기재하도록 하였다. 결론적으로는 면접에서 독서활동에 대한 질문을 통해 진위 여부를 판가름 할 수 있는 가능성이 제기된다.

그 외 영역에서는 기재역량과 기재수준을 최소화하고자 하는 시도가 있었다. 하지만 교사의 개인의 관찰을 통해 구체적으로 기록되어야 하는 영역으로 적게는 수십 명부터 많게는 수백 명의 생활기록부 기재가 교사 개개인에게 주어진다는 점에서 그 한계가 아직은 존재한다.

이처럼 변경된 생활기록부 기재 방식에 의하여 가장 자유롭게 활용 가능한 활동은 동아리활동이라 할 수 있다. 동아리의 개수가 딱히 제한되고 있지 않으며 원하는 경우 자율동아리를 조직하여 활동하는 것이 가능해졌다.

주 동아리와 자율동아리를 적절히 활용하면 자신의 전공적합성과 관심사를 생활기록부상에 드러낼 수 있다. 대회의 참가 사실에 대해서는 침지하게 기재를 제한하고 있으나, 수상을 하지 못했다고 하여 학생의 산출물이 가치 없다고 평가할 수는 없다. 오히려 수상 여부보다 학생의 노력과 과정이 중요하다. 소논문 또는 각종 보고서의 경우 얼마든지 재생산하여 동아리 등에 활용하는 것도 하나의 방법이 될 수 있다.

CHAPTER 7

대학과 나
그리고
아낌없이 채우는
자소서

네가
원하는 대학은
어디니?

"네가 원하는 대학은 어디니?"

학년을 불문하고 수험생들에게 자주 물어보는 질문이다. 보통 학생들은 자신의 성적보다 조금 높은 레벨의 대학을 지목한다. 그리고는 다소 아쉬운 표정을 짓거나 자신이 취약한 과목에 대한 이야기를 늘어놓기 일쑤이다. 그러면 또 다른 질문을 던진다.

"네가 원하는 대학은 어땠으면 좋겠니?"

이 질문을 받은 학생들은 잠시 멍해지다가 씽긋 웃곤 한다. 낭만적인 대학생활의 일부를 늘어놓거나 대학 탐방 때에 보았던 대학의 정경들을 표현하기 바쁘다. 이러한 장면은 대부분의 수험생들이 학업에 임할 때 갖는 오류 중의 하나이다. 수험생의 잘잘못이 아닌 대학을 바라보는 시각을 '입시'에만 포커스를 두었기 때문이다.

우리나라 수험생들은 착하게도(?) 자신이 가고 싶은 대학의 서열을 정해서 그 대학만이 세상의 전부인 양 모든 에너지를 쏟는다. 그러나 자신의 인생, 꿈, 직업에 대해서는 추상적으로만 생각할 뿐 구체적인 그림은 그리지 못한다. 그러다 보니 본인들이 원하는 대학에 대해서 진지하게 고려해본 적이 없는 것이다. 가고자 하는 대학이 어느 분야에 강점을 보이는지, 내가 심도 있게 다루고자 하는 전공이 어느 대학에서 최강의 자리인지를 알아봐야 한다. 같은 전공을 기준으로 다른 학교의 교육과정을 살펴본다던지 교수진들의 세부전공과 논문의 주제를 고찰해보는 방법이 바람직하다. 물론 수험생 혼자의 힘으로는 검증하기 어렵다. 대신 주변에 포진되어 있는 대학정보와 서적의 도움으로 눈을 넓힐 수 있을 것이다.

대학은 선발의 주체가 되기도 하지만 대학을 선택하는 주체는 수험생들이다. 대학에서도 훌륭한 인재를 유치하고자 하는 만큼 수험생들도 대학의 질을 따지고 선택해야 한다. 선택하는 수험생이 있기에 대학도 존재할 수 있기 때문이다. 다시 말하면 대학과 수험생은 서로를 선택할 수 있는 상호적인 관계임을 놓치지 말아야 한다.

내가 가고 싶은 대학, 내가 다루고자 하는 전공에 대해 진지하게 생각하고 있다면 장차 스승이 될 교수에 대해 한 번쯤 궁금해하는 것이 일반적이지 않은가? 대학이란 점수를 끼워 맞춰 굴러가게 하는 바퀴나 나사가 아니라 진리탐구에 목적을 두고 접근하는 지성의 상아탑이 되어야 할 것이다.

대학이 원하는 신입생의 자질은 어떠한 것일까?

우리나라 고3들의 모습을 지켜보고 있노라면 인간이 느낄 수 있는 모든 감정을 가장 짧은 시간 내에 보여주고 있다는 사실에 감탄한다. 그만큼 그 여정이 굴곡지고 쉽지 않다.

학생들은 여러 가지 입시 전형에 대비해야 하는 현실과 시간적 제약에 어려움을 토로하고 있다. 그만큼 대학이 원하는 능력의 조건이 다양하고 다채롭다. 그 와중에 수시의 비율이 점점 높아지면서 학생기록부의 중요도 또한 올라가고 있다. 내신을 포함한 다양한 학교생활의 기록들을 통해 대학에서는 수험생의 자질을 확인하고 선별하고 싶은 것이다. 그 자질의 기준에 맞추기 위해 학생기록부에 모든 노력을 쏟는다 해도 과언이 아니다. 교과 내신 성적과 비교과 활동 내용을 종합하여 고교 3년 동안의 역사를 들여다보고 싶은 것이 대학 측의 기본 마인드이다. 단순히 학생의 성적만으로 선발하기에

구분	전형유형	2019학년도		2018학년도	
수시	학생부(교과)	144,340명(54.3%)	41.4%	140,935명(54.3%)	40.0%
	학생부(종합)	84,764명(31.9%)	24.3%	83,231명(32.0%)	23.6%
	논술 위주	13,310명(5.0%)	3.8%	13,120명(5.1%)	3.7%
	실기 위주	19,383명(7.3%)	5.6%	18,466명(7.1%)	5.3%
	기타	4,065(1.5%)	1.2%	3,921명(1.5%)	1.1%
	소계	265,862명(100.0%)	76.2%	259,673명(100.0%)	73.7%
정시	수능 위주	72,251명(87.1%)	20.7%	80,311명(86.7%)	22.8%
	실기 위주	9,819명(11.8%)	2.8%	11,334명(12.2%)	3.2%
	학생부(교과)	332명(0.4%)	0.1%	491명(0.5%)	0.1%
	학생부(종합)	445명(0.5%)	0.1%	435명(0.5%)	0.1%
	기타	125명(0.2%)	0.0%	81명(0.1%)	0.0%
	소계	82,972명(100.0%)	23.8%	92,652명(100.0%)	26.3%
	합계	348,834명	100.0%	352,325명	100.0%

는 부족하므로 비교과 영역의 활동(독서활동, 동아리활동, 봉사활동 등)도 꼼꼼히 살펴본다.

진정으로 대학에서 원하는 신입생의 자질은 어떠한 것일까? 이 질문은 왜 우리가 일 년에 네 번 교과 시험을 치르고, 전국연합 모의고사를 치르고, 12년 공부의 결실인 수학능력시험을 치르는가에 대한 근원적인 질문이다. 다시 말하면 교과 내신 영역이란 수험생의 수학능력(修學能力)이 전문적인 전공 지식을 습득할 수 있는지에 대한 물음이다. 비교과 영역(독서활동, 동아리활동, 봉사활동 등)은 전인적인 지성인으로서 성장이 가능한지에 대한 물음이다. 인지적, 정의적 발전가능성을 눈여겨보는 것이 대학 입시의 포인트이다.

선생님,
자기소개서는
도대체
왜 써요?

십여 년 전부터 우리는 '자기소개서'를 대학입시의 성장과정을 쓰거나 자신을 알리는 일화를 소개하고 성격의 장단점을 쓰는 것 정도라고 넘겨버리기 일쑤였다. 대학입시에서 자기소개서를 작성하는 것은 낯설면서도 자연스럽게 받아들여졌다. 그러나 해가 거듭될수록 수시 전형의 자리가 커짐에 따라 자기소개도 새롭게 재조명되었다.

"선생님, 자기소개서는 도대체 왜 써요?"

한참을 작성하던 한 학생이 등을 젖히며 묻는다. 출력해온 학생기록부는 여기저기 널브러져 있고 노트북에 코를 박다가 한숨을 크게 내쉬고는 이 질문을 던진다. 대한교육협의회(대교협)에서 공통으로 설정한 문항들이 막막하다 못해 이것을 왜 쓰고 있는가라는 근본적인 물음을 던지는 것이다. 이 질문을 할 정도이면 답답함의 극치를 맛본 수험생일 것이다. 이에 대한 답은 명료하다.

"너를 보여주려고!"

자기소개서는 학생부종합전형에서 필수적인 서류이다. 지원자를 대면하지 않고 수험생의 가치관, 특기 등을 파악할 수 있는 중요한 평가 요소이기 때문이다. 학생기록부에 기록되어 있는 교과활동 및 비교과활동은 저절로 이뤄지는 것이 하나도 없다. 학생기록부에 적혀 있는 활동 내용을 생생하게 펼치며 학생기록부의 행간을 보여주기 위함이다. 활동 과정, 에피소드, 좌절, 극복과정 등을 보여줌으로써 대학 입시의 선발대에 자신을 진열하는 것이다. 아주 솔직하고 담담하게 말이다. 자신의 고등학교 생활의 '역사'를 보여주는 것은 곧 자신을 제대로 보여주는 것이다.

좋은
자기소개서란
무엇일까?

매년 삼복더위와 함께 찾아오는 것이 대학 입시의 꽃, 자기소개서의 압박이다. 봄이 지나가기가 숨차게 5월부터 초안을 작성하고 수없이 수정해가며 8월 정도에는 완성본이 나온다. 고등학교 3학년 1학기에 학생기록부가 마감됨에 따라 그 내용도 변화가 생기기 때문에 백 일이 넘는 시간동안 공을 들인다. 9월 중순을 전후로 수시전형의 한 분야인 자기소개서를 입력하는 시기에는 노트북을 항상 지참하고 다닐 정도이다.

대부분의 수험생들은 중간고사가 끝나기가 무섭게 진행되는 교내 대회 일정을 소화하느라 그 대회를 준비하게 된 계기조차도 가물거린다. 기억을 더듬어서 과거로 돌아가 그때 내가 어떤 생각을 했는가에 대해 쓰는 일이 매우 빈번하다. 쓰고 고치고를 반복하다 보면 처음에 써 내려갔던 자기소개서와는 다른 그림으로 탄생되기도 한다. 수많은 퇴고의 과정을 거친다 하더라도 흡족한 자기소개서를 내 손에 넣는다는 것이 쉽지만은 않다. 그렇다면 어떤 자기소개서가 좋은 자기소개서일까? 이것 또한 대답이 명료하다.

"너의 이야기를 잘 들려주는 거야!"

여기서의 포인트는 '잘'이라는 수식어이다. 말로는 쉽다고 하는 사람도 있을 것이다. 하지만 자신의 역사를 대한교육협의회(대교협) 문항에 적절한 경험으로 펼쳐 내려간다면 가능한 일이다. 수많은 활동 내역이 있다고 하더라도 적합한 활동을 선택하지 못하고 내용을 구체화하지 못한다면 '살아 숨쉴 수 있는' 학생기록부가 생명력을 잃을 수도 있다.

7-5

자기소개서
세 가지
공통문항

1번 문항

2015학년도 대학입시에서부터 학생부종합전형이라는 용어가 사용되면서 대한교육협의회(대교협)는 교과 영역과 비교과 영역을 공통문항 1번과 공통문항 2번으로 나누었다. 그중 공통문항 1번은 고등학교 생활 중에서 교과 영역 활동의 성취도 파악을 목적으로 하는 문항이다. 문항의 구체적인 서술은 다음과 같다.

> 고등학교 재학기간 중 ①학업에 기울인 노력과 학습 경험에 대해, ②배우고 ③느낀 점을 중심으로 기술해 주시기 바랍니다. (1000자 이내)

위 문항에서 '①학업에 기울인 노력'이라는 구절은 수험생 스스로 특정 교과를 선정하여 학습 목표, 학습 내용, 학습 방법 등에 따라 계획을 세워 실천하는 자기주도적 학습활동을 평가하기 위함이다. 여기서의 핵심은 '계획'과 '실천'이다. 자신이 어떠한 이유로 어떠한 계획을 세웠고 얼마나 구체적으로 실천했는가가 관건이다.

'②배우고'라는 구절은 학습 경험의 구체적인 내용을 묻는 것이다. 여기서의 핵심은 학습의 과정이다. 거창한 내용이 아닌 매일 접하는 교과에서 그 과정을 찾는 것이다. 학습 경험을 늘어놓기보다는 노력을 기울였던 과정에 집중한다. 지원하려는 학과와의 연계성을 고려하여 그 과정을 구체적으로 서술해야 할 것이다. 진로에 적합한 내용이어야 한 편의 자기소개서가 완성되는 첫 단추가 될 것이다.

'③느낀 점'은 주관적인 부분이기 때문에 포괄적이고 추상적일 수 있다. 이 부분을 수험생들이 힘들어하는데 자신의 느낌을 '구체화'하는 것에 많은 어려움을 토로한다. 그 '느낌'에 적합한 구체적인 어휘의 선택 때문이다. 적절한 어휘를 선택하는 어려움은 독서를 수반하지 않은 시간들의 잔해가 되기도 한다. 이를 해소하기 위해서는 초안 작성 후에 고치고 또 고치는 작업이 있어야 한다. 글을 쓰고 나서 여러 번 스스로에게 질문하고 연구하는 과정을 거친다면 자신의 느낌을 구체화할 수 있다.

대한교육협의회(대교협)가 나눈 공통문항 2번은 비교과 영역을 다루는 문항이다. 문장의 구체적인 서술은 다음과 같다.

> 고등학교 재학기간 중 ①본인이 의미를 두고 노력했던 교내활동을 ②배우고 ③느낀 점을 중심으로 ④3개 이내로 기술해 주시기 바랍니다.
> (1000자 이내)

'①본인이 의미를 두고 노력했던 교내활동'에서는 교과 영역 이외의 비교과 영역을 다룬다. 학교 동아리활동, 봉사활동, 체험학습에 대한 구체적인 활동을 표현함으로써 자신의 성취도를 보여주는 것이다. 자신이 어떠한 활동을 했는지에 대한 큰 줄기 3가지를 제시하고 전공이나 진로와 직결되도록 연계하는 것이 바람직하다.

교외활동의 경우 학교장의 허락을 받은 활동이어야 인정할 수 있기 때문에 교내활동의 영역에 한정되어진다. 공인어학성적, 수학, 과학, 외국어 교과에 대한 교외 수상 실적 등은 포함할 수 없다.

'②배우고'에서는 비교과 영역 활동내용이 구체화되어야 한다. 일반적으로 진로와 관련 있는 자율동아리 기획, 활동, 성과 등에 대해 기술한다. 상설 동아리활동만큼 자율동아리 활동내용은 창의적이기 때문에 더욱 매력적으로 보일 수 있다. 봉사활동에서는 어떤 계기로 봉사활동을 시작하였고 기억에 남는 활동은 무엇이었는지 등을 자세히 서술해야 한다. 다문화가정, 독거노인, 장애인 등을 대상으로 하는 활동 등을 기본으로 전공 관련성을 모색해야 할 것이다.

'③느낀 점'은 공통문항 1번과 동일하게 지원하려는 학과와의 연계성을 고려하여 그 과정을 구체적으로 서술해야 할 것이다. 비교과 영역인 만큼 활동 내용이 다양하기 때문에 그 과정 등을 상세히 적는 것은 대학교 입학 후의 발전 가능성을 알아보기 위함이다. 느낀 점을 적을 때 느낀 점을 따로 분리하여 서술하기보다 과정 중에 느끼는 감정, 태도 등이 자연스럽게 녹아내리게 하는 것이 더 바람직하다.

'④3개 이내'에서 수험생들은 1500자 내외라는 글자 수의 압박 때문에 세 개의 활동을 500자씩 나누어 서술하려는 계획을 세운다. 그러나 500자 안에 활동에 대한 과정, 느낌, 태도 등을 담아내려 하는 것은 쉬운 일이 아니다. 나머지 두 개의 활동과의 연계성을 고려하여 한 편의 완벽한 글을 구성하는 것 또한 만만치 않은 일이다. 3개라는 활동 범위에 지나치게 고심하지 않아도 된다. 오히려 한두 개의 활동을 심도 있게 드러내는 것이 알찬 방법이다.

3번 문항

고등학교 생활 중 인성 영역의 성취도에 대한 문항이다. 이 문항은 2013학년도에 처음 등장하여 지금까지도 대한교육협의회(대교협)에서 출제되고 있다. 교과영역, 비교과 영역과 함께 공통출제되는 이 문항은 수험생의 인성을 파악하기 위함이 그 목적이다.

①고등학교 생활 중 ②배려, 나눔, 협력, 갈등 관리 등을 실천한 사례를 들고, 그 과정을 통해 ③배우고 느낀 점을 기술해 주시기 바랍니다.
(1000자 이내)

'①고등학교 생활 중'이라는 조건에 유의하여 작성의 기본 틀을 잡아야 한다. 학생기록부의 내용을 그대로 녹여내야 하기 때문에 기간을 설정한 것이다. 소재의 부족이나 반대급부로 인한 스펙 경쟁이라는 부작용을 미리 제한하기 위함이다. 교외활동이나 초, 중학교의 이야기를 서술하는 경우가 많은데 이 기간을 지키지 않는 것에 대한 감점은 매우 크다. 그러므로 고등학교의 학생기록부를 바탕으로 하는 내용으로만 구성을 해야 한다.

'②배려, 나눔, 협력, 갈등 관리 등을 실천한 사례'라는 조건은 얼핏 보면 배려, 나눔, 협력, 갈등 관리 등을 모두 취합하여 기술해야 한다는 것으로 보인다. 세부항목에 대해 배우고 느낀 점을 모두 적는다는 것은 현실적으로 어렵다. 그래서 자신을 가장 잘 드러낼 수 있는 한두 가지로 내용을 치밀하게 구성하는 것이 바람직하다. 단순히 학생기록부의 내용을 나열하는 것이 아닌 구체적인 작성이 훌륭한 자기소개서의 지름길이다.

'③배우고 느낀 점'이라는 조건은 공통문항 1번과 2번에서 동일하게 평가되는 요소이다. 학생기록부에 적힌 내용을 구체적으로 드러내는 역할을 하기 때문에 그 중요도는 무시할 수 없다. 공통문항에서 '배우고 느낀 점'을 서술할 때에는 진로 방향이나 전공과의 적합성을 고려해야 할 것이다. 이것은 공통문항에서 반 이상을 차지하는 중요평가 항목이다.

자기소개서 다섯 가지 자율문항

자기소개서는 총 4개의 문항으로 구성된다. 1번부터 3번까지의 문항은 대한교육협의회(대교협)에서 공통적으로 출제된다. 문항 4번은 대학교별로 자유롭게 출제되는 문항으로 대표적인 5가지 문항을 소개하고자 한다.

지원동기, 학업계획, 진로계획

자기소개서 4번 문항의 반 이상을 차지하는 문항이다. 수험생의 비전을 가장 많이 물어보는 평가요소이다. 해당 학교와 학과의 입학사정관들이 유심히 보기 때문에 이를 작성할 때 집중해야 할 부분이 있다.

첫째, 지원동기를 서술할 때에는 해당 학교의 개교 이념에 주목해야 한다. 대부분 사랑, 봉사, 헌신 등을 내세우고 있는데 그 이념 하나하나를 직접 언급하지 않고 구체적인 내용에 녹아내리게 하는 것이다. 이 학생이 다른 학교가 아닌 우리 학교에 입학하고자 하는 이유를 찾아내는 것이 입학사정관의 역할이기 때문이다.

둘째, 학업계획을 서술할 때에는 해당 학과의 세부전공에 대한 기본 정보를 알고 있어야 한다. 추상적으로만 접근한다면 그 허술함은 어느 누구에게나 보여질 것이다. 이에 대비하기 위해 해당 학과 홈페이지를 적극 활용한다. 학과장을 비롯한 다른 교수들의 세부전공을 파악하고 교수진들의 최근 논문 제목을 찾아보기 연구히고 있는 테마들에 관심을 가지는 것이다. 해당 학과의 학년별 교육과정을 전공필수 과목과 전공 선택 과목 중심으로 탐구하여 자신의 학업계획을 구체적으로 세운다. 어설프게 어학공부나 해외연수 등을 계획의 일부로 내세우지 말고 학과 전공에 대한 탐구를 기반으로 하는 구체적인 학업 계획이어야 한다.

셋째, 진로계획을 서술할 때에는 최근의 트렌드를 읽고 접근하는 방식이 있다. 트렌드를 읽을 수 있도록 전공 관련 기사를 수집하거나 해당분야의 전문가 인터뷰 내용을 참고하는 것이다. 멘토로서 모델링할 수 있는 전문가의 과거 행적을 살펴보는 것도 좋은 방법이다. 세계적 기업이나 사회적 기업을 모범으로 하는 좋은 사례를 탐구하여 적용해보는 것도 좋다. 자신이 이 전공을 왜 선택했는가에 대한 진지한 고찰과 구체적인 학업계획이 세워진다면 그에 알맞은 맥락의 진로계획이 수립될 것이다.

가정환경, 성장과정

수험생이 어떠한 환경에서 성장했는가를 묻는 문항이다. 학업계획과 진로계획을 묻는 문항 다음으로 많이 다뤄진다. 초등학교부터 자주 접하던 질문임에도 쉽게 적을 수 있는 사람은 많지 않다. 무엇에 포커스를 두어야 하는가에 대한 핵심만 있다면 그렇게 힘든 문항은 아닐 것이다.

● 지원자의 개인적 환경(가정, 학교, 지역, 국가 등)에 대해 설명하고, 그 환경적 특성이 지원자 자신의 삶에 미친 영향을 경험적 사례를 들어 구체적으로 기술하여 주십시오. (연세대)

첫째, 가족이 아닌 자신의 이야기를 하는 것이다. 가족의 구성원임을 지나칠 수는 없는 이야기지만 가족이 중심이 되기보다는 자신을 중심으로 써 내려가야 한다. 가족의 역사를 듣고자 하는 것이 아니라 수험생 자신의 역사를 듣고자 하는 것임을 명심해야 한다.

둘째, 수많은 성장과정을 모두 다루지 않아도 된다. 태어나서 지금까지의 과정을 모두 나열한다면 그 내용은 다른 수험생과 비슷해질 것이다. 특별하고 험난한 과정이 아닌 이상 대부분의 수험생들의 인생 곡선은 일치하는 점이 많다. 수험생에게 큰 영향력을 행사했던 에피소드를 골라 내용을 전개하는 것이 좋다. 자신이 입학사정관이라고 생각해보자. 똑같은 순서로 성장한 내용들을 읽기보다 어느 특정 시기의 성장과정을 말해주는 것이 더 호기심이 생기기 마련이다.

셋째, 일반적 소재를 구체적으로 말하면 특별한 의미로 다가온다. 우리는 초·중·고등학교라는 교육과정을 거치면서 성장한다. 그 경험들은 매우 일반적이다. 이렇게 흔한 경험들을 특별하게 이야기하고 싶다면 '구체화' 하는 방법이 있다. 구체적인 상황에 어떤 특별한 감정을 느껴서 자신이 성장하게 됐는지 이야기하면 더 관심을 보일 것이다.

감명 깊게 읽은 책

세 번째로 거론되는 이 문항은 2017학년도 서울대학교 자기소개서에서 지속적으로 등장했다. 대부분 지원동기, 진로계획, 학업계획 등을 드러내는 문항들이지만 자신이 읽은 책에 대한 내용을 평가하는 항목이 새롭게 등장한 것이다. 서울대에서 접근하는 자기소개서 평가요소이기 때문에 다른 대학에도 영향을 끼칠 것으로 보인다.

> 고등학교 재학기간 (또는 최근 3년간) 읽었던 책 중 자신에게 가장 큰 영향을 준 책을 3권 이내로 선정하고 그 이유를 기술하여 주십시오.

첫째, 수험생이 지원하고자 하는 전공 또는 진로에 적합한 책을 선정해야 한다. 학업계획과 진로계획을 다루는 문항을 심화시킨 것으로 이를 뒷받침하는 도서 선정이 매우 중요하다. 테마를 가볍게 다루는 도서보다는 원론적인 내용을 다루는 도서여야 그 진정성을 잘 드러낼 수 있다.

둘째, 선정한 도서는 반드시 읽어야 한다. 인터넷 서평을 읽어서 참고한다던지 검색을 통한 내용의 짜집기가 이뤄져서는 안 된다. 급한 마음에 혹은 합격하고 싶은 욕심 때문이라면 제일 먼저 그 마음부터 내려놓아야 한다. 책을 직접 읽은 사람과 그렇지 않은 사람의 감화 정도는 쓰는 어휘선택부터 남다르다. 미숙하더라도 직접 읽고 해당 도서에 대한 감상을 차근차근 떠올려 작성하는 것이 바람직하다.

셋째, 독서록을 작성할 때 자기소개서를 감안하면서 작성하는 습관을 들인다. 자잘한 습관들이 모여 운명을 바꾸듯 평소에 제출하는 독서록을 자기소개서 문항 중의 하나라고 생각하고 작성해보는 것이다. 독서록 작성과 자기소개서 작성을 따로 하지 않고 연계해가며 내용을 심화 발전시키는 방법도 유익하다.

자질 및 장단점

이 문항은 대학 입시 자기소개서뿐만 아니라 취업이나 대학원 진학을 위한 자기소개서에서도 다뤄지는 평가요소이다. 자신을 드러내는 것이 쉬운 일일 수 있지만 장단점을 동시에 드러낸다는 것은 대부분 난해하다. 때문에 그 장단점을 각각 잘 드러낼 수 있는 포인트를 잘 잡아야 한다.

● 지원자의 개인적 자질 중 가장 뛰어나고 생각하는 자질(학업능력 제외)에 대해 설명하고, 고등학교 재학 중 그 자질을 계발하기 위해 노력한 경험에 대해 구체적으로 기술하여 주십시오. (연세대)

● 자신의 취약점이나 단점을 제시하고, 이를 극복하기 위해 어떠한 노력을 기울였는지 혹은 기울이고 있는지 구체적으로 서술하세요. (고려대)

첫째, 여러 개의 나열보다는 장점 하나를 구체적으로 보여줘야 한다. 먼저, 가장 자신 있게 내세울 수 있는 장점 하나를 선정한다. 이러한 장점을 키우게 된 과정이나 계기를 구체적으로 서술하는 것이다. 다른 사람과는 차별화될 수 있는 점을 빛나 보이게 한다면 10개의 장점을 드러내는 일보다 훨씬 생산적인 일이 될 것이다.

둘째, 장단점을 동시에 언급해야 하는 문항을 접한다면 단점은 최대한 적게 드러내는 것이 유리하다. 또한 장점과 관련성이 적은 내용을 언급해야 한다. 그렇지 않으면 글의 통일성을 떨어뜨리는 일이 되어버리기 때문이다. 단점을 다룰 때에는 그 단점을 바라보는 객관적인 시선이 필요하다. 그 단점을 어떻게 고쳐보겠다는 생각이나 극복사례를 말하는 것도 하나의 방법이 될 수 있다.

셋째, 장단점 모두 그 결과보다는 과정에 집중하여야 한다. 내가 이러한 장단점이 생기기까지 어떠한 연유가 있었는지에 대해 구체적으로 밝힐 필요가 있다. 자신의 장단점을 밝히는 일이기 때문에 그 '과정'의 힘은 더욱이 필요하다. 표현을 과하게 하거나 자신을 너무 낮추는 태도는 어떤 형태로든 평가절하의 대상이 될 것이다. 적정한 관점에서 그 과정을 보여주는 것이 중요하다.

역경 극복 사례

이 문항은 연세대에서 주로 출제된다. 어려움의 극복 과정에 포커스를 두고 평가하는 요소이다. 이를 접하는 수험생의 입장에서는 많이 고민이 될 수 있는 문항이다. 20년도 채 되지 않은 인생에서 겪은 고난과 역경이 과연 자신에게 존재하는가에 대한 의문부터 생길 것이다. 수험생에게는 교과 영역, 비교과 영역, 인성 영역을 평가하는 문항보다 더 어렵게 다가오기도 한다. 이를 위해서는 서술하기 전 몇 가지에 유의해야 한다.

첫째, 남에게는 흔한 일이지만 자신에게는 크게 다가온 에피소드에 집중해야 한다. 가세가 기울거나 부모님 중 한 분이 돌아가셨다거나 하는 등의 커다란 역경을 제외하고는 일반적인 어려움의 내용들은 비슷하고 그 규모도 크지 않다. 그 역경의 규모를 말하는 것에 포커스를 두기보다는 그 역경의 핵심을 현명하게 잡는 것이다.

둘째, 역경의 에피소드를 선정하는 것이 우선이었다면 이제는 역경과정을 '구체화'하는 것이 마무리이다. 일반적인 극복과정이라 할지라도 과정에서 일깨우는 가르침이 남다르다면 그 의미는 빛나게

될 것이다. 그래서 에피소드의 구체화 다음으로 극복과정의 구체화
가 중요한 것이다.

잘 쓴 자기소개서는
합격의 지름길

두괄식으로 이미지메이킹 하기

사람들은 낯선 사람을 만나면 첫인상을 중요하게 생각한다. 그 사람이 처음으로 건넨 말을 기억하기도 한다. 자기소개서도 마찬가지이다. 입학사정관에게 좋은 첫인상을 건네주려면 자기소개서 작성은 두괄식으로 이뤄져야 한다. 다음의 합격사례를 살펴보면 그 중요성을 체감할 것이다.

4. 대학 입학 후 학업 계획과 진로 계획에 대해 기술해 주시기 바랍니다. (1,000자 이내)

입학 후 목표는 영어영문학부에 지원할 계획입니다. 영어영문학부에서의 학업계획은 대내활동과 대외활동으로 나눠 활동할 예정입니다. 대표적인 대내활동은 학과 내 소모임을 구성하여 영문판 성경책을 강독하고자 합니다. 성경학교에서 '영어 성경책'을 접했던 경험이 있습니다. 예쁜 그림과 함께 비교적 짧은 영 문장들을 보면서 성경구절을 영어로 읽으니 흥미로웠습니다. 그리고 대체로 완벽한 문장으로 구성되어 독해력을 향상시키는 데에도 많은 도움이 되었습니다. 구문해석은 물론 의미를 더 깊이 되새기는 데에 일조를 하였습니다.

● **인하대 자유전공 합격사례의 초안**

4. 대학 입학 후 학업 계획과 진로 계획에 대해 기술해 주시기 바랍니다.
(1,000자 이내)

성경학교에서 청년부를 맡으며 '영어 성경책'을 접했던 경험이 있습니다. 예쁜 그림과 함께 비교적 짧은 영 문장들을 접했던 경험이 인상적이었습니다. 그리고 성경구절을 영어로 읽으니 흥미로웠습니다. 또한 대체로 완벽한 문장으로 구성되어 있는 영어성경은 독해력을 향상시키는 데에 유익하였습니다. 구문해석은 물론 의미를 더 깊이 되새기는 데에 일조를 하기도 하였습니다. 그래서 입학 후에는 영어영문학부에 지원할 계획입니다. 대내적인 활동과 함께 대외적인 활동을 다양하게 펼칠 것입니다.

위 합격사례의 초안은 말하듯 썼기 때문에 미괄식 구성으로 이루어졌다. 그래서 그 핵심을 정확히 알아내기가 쉽지 않다. 두괄식으로 구성하면 수험생의 생각을 정확하게 전달할 수 있기 때문에 자기소개서를 평가받는 데에 더 유리해진다.

홑문장으로 명쾌하게 말하기

자기소개서를 작성할 때에 흔히 범하는 오류가 긴 문장으로 작성하는 것이다. 하나의 문장이라고 하기에는 두세 줄 가량 되는 문장이 부담스러운 경우가 많다. 이렇듯 자기소개서를 작성할 때에는 주어와 서술어의 관계가 한 번씩 언급되는 홑문장이 바람직하다.

● 경희대 합격사례

평소에 다양한 국가의 영화를 보기 좋아했습니다. 그 중에서 영어권 영화를 많이 접했습니다. 그러다 보니 자연스레 영어와 익숙해져 고등학교 입학 당시 3월 모의고사에서 2등급을 받아 반에서 2등을 했습니다. 선생님께서는 아이들 앞에서 칭찬을 해주셨고 저는 영어 실력에 자부심을 갖았습니다. 그러나 기본 실력에 의지한 채 영어공부를 소홀히 했더니 성적이 떨어졌습니다. 그래서 영어 실력을 향상시키기 위해 문제점을 파악하려 했습니다. 문제를 풀어보니 영어 지문에서 해석이 되지 않는 단어가 많아 답을 유추할 수가 없었습니다. 저는 어휘력이 많이 부족하다고 판단하였습니다. 어휘력 향상을 위하여 지문을 읽고 모르는 단어로 마인드맵을 만들었습니다. 모르는 단어를 놓고 가지를 뻗어 나가며 그와 관련된 단어들을 찾다보니 다양한 단어들을 접할 수 있었습니다. 그리고 예문을 만들어 자연스럽게 단어도 암기할 수 있었고 영문장 실력도 좋아졌습니다.

● **경희대 합격사례 초안**

평소에 다양한 국가의 영화를 보기 좋아했던 저는 영어권 영화를 많이 접하다 보니 자연스럽게 영어와 익숙해져 고등학교 입학 당시 3월 모의고사에서 2등급을 받아 반에서 2등을 했습니다. 선생님께서는 아이들 앞에서 칭찬을 해주셨고 저는 영어 실력에 자부심을 갖았으나 기본 실력에 의지한 채 영어공부를 소홀히 했더니 성적이 떨어져서 영어 실력을 향상시키기 위해 문제점을 파악하려 했습니다. 저는 어휘력이 많이 부족하다고 판단해서 어휘력 향상을 위하여 지문을 읽고 모르는 단어로 마인드맵을 만들고 모르는 단어를 놓고 가지를 뻗어 나가며 그와 관련된 단어들을 찾다보니 다양한 단어들을 접할 수 있었고 예문을 만들어 자연스럽게 단어도 암기할 수 있었고 영문장 실력도 좋아졌습니다.

주어와 서술어의 관계가 두 번 이상 언급되는 겹문장은 많은 내용을 집약적으로 보여준다는 장점이 있다. 하지만 자기소개서는 명확하게 의사를 전달하는 것이 목적이기 때문에 합격사례의 내용처럼 홑문장으로 서술하는 것이 합격에 유리하다. 너무 길다 싶은 문장들이 많으면 무조건 짧게 끊어서 표현해보자. 어색한 부분은 접속어를 통해 표현함으로써 자연스러운 문장으로 만들어보는 것이다.

나열식이 아닌 집중적으로 파고들기

자기소개서의 4개의 문항을 작성하다 보면 내용의 '구체화'가 생각보다 쉽지 않다. 그래서 대부분의 수험생들은 학생기록부의 객관적인 내용을 그대로 나열하는 서술방식을 취하고 만다. 몇 학년 때 어떤 교과상을 탔고, 어떤 봉사활동을 했으며, 어떤 책을 읽었는데 인상 깊었다는 형태의 식상한 나열은 자기소개서에 독이 되는 요소들이다.

● 단국대 합격사례

2학년 당시 교내에서는 도난 사건이 빈번하게 발생하였습니다. 수업시간에 교과서를 가져오지 않으면 벌을 받아야 했습니다. 그래서 아이들은 다른 아이들의 사물함을 무작위로 열어 교과서를 가져가 다시 돌려놓지 않았습니다. 저도 그 도난 사건의 피해자 중 한 명이었습니다. 사물함을 제대로 잠가놓지 않은 저의 부주의도 있었지만 평소에 신뢰를 가지고 있던 동급생들에게 실망을 했습니다. 이를 해결하기 위한 방안으로 교내에서는 학교 문화 개선을 위한 논술대회를 열었습니다.

저는 논술대회에서 저의 피해사실을 바탕으로 도난 사건을 방지하기 위한 대책을 서술하였습니다. 그 대책으로는 학급 당번은 수준별 수업이나 체육 등의 이동 학습시간이나 식사 때 교실 문단속을 확실하게 하도록 교육하기, 교실 창문과 출입문의 잠금장치를 강화하고 자주 점검하기, 범인에 대한 엄중한 징계와 함께 학생들을 대상으로 한 예방 교육하기 등의 방안을 서술하였습니다. 그 결과 동상 수상이라는 성과를 얻었습니다. 교내에서는 논술 대회에서 언급된 대책들을 학우들에게 알렸습니다. 도난 사건이 일어날 수 있는 환경조성에도 문제점이 있다는 점을 알고 대안들을 제시했습니다. 또한 교과서를 가져오지 않는 아이들에 대한 수업 제도도 바뀔 수 있었습니다. 도난을 당한 피해입장에서 논술대회에 참여했기 때문에 적극적으로 참여할 수 있었습니다. 또한 분실한 책을 되돌려 받으면서 책을 되돌려 준 학우에게는 화가 나기도 했지만 학우들의 행동변화를 보며 뿌듯함과 보람을 느꼈습니다.

● 단국대 합격사례 초안

2학년 당시 교내에서는 도난 사건이 빈번하게 발생하였습니다. 저도 그 도난 사건의 피해자 중 한 명이었습니다. 사물함을 제대로 잠가놓지 않은 저의 부주의도 있었지만 평소에 신뢰를 가지고 있던 동급생들에게 실망을 했습니다. 이를 해결하기 위한 방안으로 교내에서는 학교 문화 개선을 위한 논술대회를 열었습니다.

저는 논술대회에서 저의 피해사실을 바탕으로 도난 사건을 방지하기 위한 대책을 서술하였습니다. 그 결과 동상 수상이라는 성과를 얻었습니다. 교내에서는 논술대회에서 언급된 대책들을 학우들에게 알렸습니다. 도난 사건이 일어날 수 있는 환경조성에도 문제점이 있다는 점을 알고 대안들을 제시했습니다. 도난을 당한 피해입장에서 논술대회에 참여했기 때문에 적극적으로 참여할 수 있었습니다. 또한 분실한 책을 되돌려 받으면서 책을 되돌려 준 학우에게는 화가 나기도 했지만 학우들의 행동변화를 보며 뿌듯함과 보람을 느꼈습니다.

앞의 사례를 보듯 초안은 일반적인 사실에 대한 내용을 열거하는 수준에 그친다. 합격사례를 들여다보면 진행과정에서 느꼈던 감정을 세세하게 서술하는 것을 볼 수 있다. 또한 논술대회에서 자신이 써 내려갔던 내용을 자세하게 언급함으로써 학생기록부에 한 줄의 수상경력으로만 남겨 있을 기록을 생생하게 표현할 수 있게 되었다.

고치고 또 고쳐서 보석으로 만들기

어젯밤에 쓴 연애편시는 다시 펼쳐보지 말라는 말이 있다. 하지만 자기소개서는 수없이 들여다보면서 고쳐야 한다. 아침에 볼 때와 저녁에 볼 때가 상이하기 때문이다. 그만큼 공을 많이 들인다는 이야기가 될 수도 있다. 초안을 퇴고할 때에는 짧은 시간 내에 자주 들여다보는 것이 좋다.

● 인천대 합격사례

본교의 패션 산업학과에 지원한 동기는 교내 활동을 적극적으로 하면서 점차적으로 생겼습니다. 1학년 과정에서 교내 창업 올림피아드 대회에 참가하였습니다. 이 과정에서 선글라스의 디자인부터 광고하는 과정까지 참여하며 패션MD를 꿈꾸게 되었습니다. 대부분의 패션관련과는 디자인에 중점을 두고 실기 위주의 교과과정이 많았습니다. 그러나 인천대학교 패션산업학과에서는 글로벌 사회에 맞는 패션의 디자인을 포함하여 산업분야까지 폭 넓은 이론과 실기능력을 학습할 수 있는 강점이 있었습니다. 그래서 시작점부터 출발점까지 모두 아우르는 본교의 교육과정이 지원동기가 되었습니다.

● 인천대 합격사례 초안

패션 산업학과에 지원한 동기는 교내 활동을 적극적으로 하면서부터입니다. 고등 1학년 때 교내 창업 올림피아드 대회에 참가하면서 선글라스의 디자인부터 광고하는 과정까지 참여하며 패션MD를 희망하였습니다. 대부분의 패션관련과는 디자인에 중점을 두고 실기 위주의 교과과정이 많았습니다. 그러나 인천대학교 패션산업학과에서는 글로벌 사회에 맞는 패션의 디자인을 포함하는 교육과정이었습니다. 그리고 산업분야까지 폭 넓은 이론과 실기능력을 학습할 수 있는 강점이 있어서 시작점부터 출발점까지 모두 아우르는 본교의 교육과정이 지원동기가 되었습니다.

지나치게 긴 문장을 간결하고 명확한 문장으로 수정하고 투박하고 반복되는 어휘는 세련된 어휘로 교체하였다. 그 결과 더욱 자신을 돋보일 수 있는 면모를 갖출 수 있었다. 이처럼 자기소개서의 퇴고는 원석을 다듬어 보석을 매만지는 일과 같다.

따로 국밥 말고 한 편의 글이 되기

자기소개서 1번 문항부터 4번 문항까지 작성하면서 수험생이 쉽게 범하게 되는 오류 중의 하나는 자기소개서의 완결성이 미흡하다는 점이다. 공통문항과 자율문항을 작성하는 데에 급급하다 보면 자기소개서의 본질을 잊어버리고 마는 경우가 종종 생긴다. 각 문항의 글은 훌륭하지만 한 편을 다 읽고 나면 서너 편의 글을 읽은 듯한 느낌을 주기가 일쑤이다. 눈, 코, 입 각 부분이 예쁜 미인들을 조합해보니 어색한 얼굴이 나왔다는 이야기와 견줄 수 있다.

한 편의 스토리를 가진 자기소개서를 완성하기 위해 집중해야 할 몇 가지가 있다.

첫째, 공통문항과 자율문항의 내용에 전공 및 진로적합성을 녹아내리게 해야 한다. 수험생들이 각각의 문항에 쓰는 글들은 모두 병가의 요소가 된다. 왜 하필 우리 학교, 우리 학과에 적합한지 고교생활의 경험들을 토대로 드러내도록 한다. 왜 이곳에 지원할 수밖에 없는지 이유와 근거를 어필하는 것이 관건이다.

수험생이 아닌 입학사정관 입장에서 자기소개서를 읽는다고 생각해보라. 상투적인 표현들로 가득한 자소서보다는 전공 및 진로적합성이 곳곳에 묻어나는 자소서가 더 설득력이 있지 않을까?

　둘째, 공통문항의 스토리들이 큰 중심이 되어야 한다. 자율문항도 중요하지만 앞서 말했던 공통문항의 평가요소들의 중요성이 대두되고 있다. 일관성 없는 다양한 활동을 언급하기보다는 생활기록부의 항목들에서 통일성을 관찰할 수 있도록 연관지어야 한다. 과거에는 단순히 관련 활동만 하였다면 지금은 다양한 활동들이 전공과 세부적으로 연결되어 있어야 한다. 생활기록부 전체에서도 통일성 있는 활동으로 관찰되는 게 중요하다.

CHAPTER 8

소논문의
정점에 이르는
가장 빠른 길

학생기록부에
남겨질
나의 보석

3월에 첫 학기가 시작되고 봄꽃이 질 무렵이면 중간고사가 마무리된다. 이 시기가 지나면 5월에는 외부행사도 많기 때문에 시간이 더욱 빠르게 지나간다. 학교 내에서는 4월부터 시작되는 교내대회가 5월에 더욱 활성화되는 시기이기도 하다. 시험 끝난 직후인 5월에는 상대적으로 학습에 대한 부담이 적기 때문에 희망 진로에 맞추어 독서활동, 봉사활동, 동아리활동 등 비교과를 채우기 좋다. 즉, 비교과 영역의 활동 내용을 채우기에 황금기인 것이다. 그중에서 소논문을 미리 준비해두면 투자한 시간과 노력만큼 학생기록부에 제 역할을 톡톡히 해낼 것이다.

소논문은 대학원생이나 교수들도 논문을 쓰기 시작하면 긴긴 시간을 들여 쓰기 때문에 고등학생으로서도 접근하기가 생소할 것이다. 소논문은 작성하는 시간이 많이 소요되기 때문에 쉽게 시작하기도 힘들다. 교내에서도 소논문 대회가 열리면 참가를 하고 싶지만 어려운 접근 때문에 참가하는 학생들이 적은 편이다. 개인별, 팀별 연구가 이뤄지지만 대부분 힘든 과정을 겪는다. 그러나 학생기록부의 개인 세부 특이 사항이나 과목 세부 특이 사항이 아주 중요한 평가요소로 급부상하고 있기 때문에 소논문의 중요성은 더할 나위 없다.

소논문은 자기주도학습능력을 동반한 문제해결능력을 평가할 수 있는 좋은 요소이다. 대학교에서도 신입생을 선발할 때 눈여겨보는 부분이다. 어렵고 긴 여정이 되겠지만 중요한 만큼 학생기록부의 보석이 되어 줄 것이다.

생각하는 힘을 키워주는 소논문과 친해지기

소논문의 의미

소논문이라는 용어가 처음 등장했을 때 대부분의 고등학생들은 생소함과 당혹스러움을 느낄 것이다. 교과 영역과 비교과 영역을 모두 챙기기에도 바쁜 학사 일정인데 왜 소논문까지 써야 하는지 의문이 들 정도이다. 소논문에 대한 궁금증보다는 거부감이 크다는 것이 현실이다. 그러나 소논문에 대해 정확히 알고 접근한다면 나도 한번 시도해볼까 하는 용기가 생길 것이다.

논문은 대학원 연구생들이 자신의 세부전공을 바탕으로 특정한 주제를 연구하는 데 쓰는 체계적인 기록들이다. 그래서 연구생들은 자신이 정한 주제를 탐구하기 위해 방대한 자료를 수집, 분석하며 스스로 설정한 가설을 검증하기 위해 다양한 연구 방법으로 접근한다. 소논문은 이러한 과정의 축소판이다. 대학원 연구생들도 학기

중에 여러 편의 소논문을 작성한다. 그 분량이 적든 많든 연구주제를 정하고 탐구하는 과정은 어렵고 힘들다. 하지만 학문의 즐거움과 탐구의 성취감을 얻을 수 있기에 그 과정이 고되지만은 않다.

고등학생에게 소논문이란 무엇일까? 어려운 연구주제를 어려운 방법으로 풀이하는 어려운 과정으로만 치부되는 것일까? 고등학생은 스스로 자신의 진로를 결정하고 계획하고 실천할 수 있는 인격체이기 때문에 소논문에 잘 접근할 수 있다. 고등학생에게 소논문은 스스로 연구주제를 만들고 모색하는 것에서 시작한다. 소논문은 스스로 생각할 수 있는 힘을 길러주고 문제해결능력을 향상시켜준다. 고등학생에게 필요한 색다른 공부방법이 되고 대학교 과정을 미리 경험할 수 있는 새로운 기회가 되기도 한다.

소논문이 주는 이로운 점

고등학생에게 난해하기만 한 소논문은 과연 이로울 것인가? 이러한 질문에 시원스럽게 대답할 수 있는 고등학생은 적다. 학생기록부에 화려한 스펙으로 남기 위해서라는 대답이 주를 이룰 것이다. 소논문이 낯설고 어렵다고 생각하는 고등학생에게 소논문이 주는 본질적인 즐거움을 일깨워주어야 접근성이 용이해진다. 소논문이 주는 이점을 짚어봄으로써 그 두려움을 스스로 헤쳐나갈 수 있을 것이다.

첫째, 자신의 진로를 탐색하고 설계하는 데 도움을 준다. 연구주제를 정할 때 자신의 진로와의 적합성을 고려하기 때문에 사전에 진로 탐색 과정은 필수이다. 그래서 어렴풋이 자리 잡고 있었던 진로에 대해 구체적으로 접할 수 있는 기회가 된다. 진로 탐색을 한 후에는 진로를 설계하는 과정이 이뤄진다. 이 과정에서 자신의 진로에 대해 진지하게 접근하는 좋은 기회를 마련해 준다.

둘째, 소논문 선행 연구를 확인하는 과정에서 읽기 능력이 좋아진다. 한 편의 논문을 읽고 이해하는 과정은 어려운 일이다. 전문어를 바탕으로 세부적인 연구주제를 다루기 때문에 이해 능력이 동반되어야 한다. 처음부터 이해 능력이 월등하지 못하더라도 비슷한 주제의 논문을 접하다 보면 읽기 능력과 이해 능력이 향상될 것이다.

셋째, 소논문을 작성하다보면 글을 쓰는 능력이 좋아진다. 자료를 읽고 이해하는 능력이 좋아지는 만큼 소논문을 완성해가는 과정에서 쓰기 능력도 함께 향상된다. 자료를 그대로 옮겨 쓰는 수준이 아니라 자신만의 언어로 탐구내용을 체계적으로 표현하기 때문이다. 글쓰기는 자신을 표현하고 알리는 데 중요한 수단이다. 소논문을 통한 글쓰기 능력의 향상은 일거양득의 결과가 될 것이다.

넷째, 소논문을 완성하고 나면 스스로의 학업 능력이 극대화될 것이다. 일반적인 학습 방법에 따라 공부를 해온 수험생과 소논문을 작성하면서 탐구 능력을 향상시켜온 수험생의 학업 능력의 차이는 크다. 객관식의 문제만을 반복적으로 풀고 있는 수험생의 사고규모와 방향은 어쩌면 일방향적일 것이다. 반면 스스로 연구주제를 정하고 탐구한 수험생은 그 사고과정이나 규모가 쌍방향적이다. 교과서의 내용이 쉽게 느껴지고 수능 지문의 내용이 정확히 읽혀진다고 많은 학생들이 이야기한다.

다섯째, 소논문을 완성하고 난 후에 나는 할 수 있다는 자신감이 커진다. 대학생들이나 대학원 연구생들만의 영역이라고만 생각하던 논문 작성을 소논문의 형식으로 완성하고 나면 많은 수험생들이 그 성취감에 도취되기도 한다. 할 수 없을 것이라고만 생각하던 과제를 긴 시간동안 끙끙대면서 해결해냈다는 보람을 크게 느낀다. 이것은 대학입시를 준비하는 커다란 그림에도 긍정적인 영향을 미칠 것이다.

소논문의 구성 요소 알아보기

제목

연구주제를 정확하게 알 수 있는 표현이어야 한다. 연구범위가 드러나도록 의미를 설정해야 하며 문장형으로 끝나기보다는 명사형으로 끝나는 표현이 바람직하다.

예) 청소년 어휘 사용에 대한 공시적, 통시적 고찰

목차

전체 내용이 한눈에 드러나도록 적어야 하며 연구의 전체적인 흐름이 나타나야 한다. 목차를 작성하는 것은 소논문의 뼈대를 잡는 것이기 때문에 주제를 정하는 것 다음으로 중요한 과정이다.

목차를 정해놓으면 연구과정과 내용을 채우는 일이 자연스럽게 후행되기 때문이다.

● **목차의 일반적인 예**

주제 (제목)

Ⅰ. 서론

　　1. 연구 목적(동기 및 필요성)

　　2. 연구 방법

Ⅱ. 이론적 배경

Ⅲ. 본론

　　1. 연구 가설

　　2. 연구 내용

　　3. 연구 과정

Ⅳ. 결론

【참고문헌】

초록

　연구의 전반적인 내용을 요약하고 정리하는 부분이다. 제목, 연구 목적, 연구 동기, 연구 방법, 연구 과정, 연구 결과, 결론 등을 포함하여 500자 이내로 서술한다. 일반적으로 연구의 핵심어 2~3개를 중심으로 표현한다.

본문

1) 서론 : 연구 동기, 연구 목적 등을 제시함으로서 연구주제를 소개한다.

2) 본론 : 연구 가설, 연구 방법, 자료 분석 내용, 연구 결과를 드러낸다.

3) 결론 : 연구 결과 분석, 결론, 연구의 한계점과 가치, 다음 연구의 발전 가능성을 드러낸다.

참고문헌

단행본, 학위 논문, 학술지 논문 등을 양식에 맞게 표기한다.

부록

연구 방법 중에서 도출된 설문지 내용, 증거 자료, 도구 등을 드러낸다.

소논문
작성방법
익혀두기

연구주제 : 자신이 좋아하는 교과 중 2~3개 선택

좋아하는 교과 들여다보기

소논문 주제는 미리 제시해주는 경우가 많기 때문에 연구주제를 빠르게 탐색하는 것이 바람직하다. 그러나 막상 주제를 선정하려고 하면 바다에 빠진 바늘 찾는 기분이 들 것이다. 연구주제만 잡아도 논문의 반은 해결이 되었다고 해도 과언이 아니다. 연구주제를 찾는 것은 어려운 만큼 몇 가지 요령이 있다. 그중 고등학생이 접근하기 용이한 방법은 평소에 좋아하는 교과를 모색하는 것이다.

첫째, 소논문 주제를 탐색할 수 있도록 좋아하는 교과를 2~3개 선택한다. 국어, 영어, 수학 등의 주요과목과 탐구 과목도 포함하여 선택의 폭을 넓힌다. 꼭 주요과목이 아니어도 탐구 과목에서 주제가 다양할 수 있기 때문에 더 수월할 수 있다.

둘째, 교과 하나를 선택한 후에는 교과서의 목차 부분을 확인한다. 수험생 스스로 재미있었던 부분이나 평소 호기심이 있었던 부분을 선택하여 교과서의 내용을 확인하는 것이다. 이때 오히려 자신이 평소에 어려워하던 부분의 내용을 선정하면 더욱 연구의 효과가 극대화될 수 있다. 이해가 되지 않고 있던 부분을 재조명하여 탐구한다는 것은 훌륭한 연구의 동기가 될 것이다.

셋째, 교과서 구석구석을 잘 살펴보아야 한다. 본문 내용을 일차적으로 살펴보는 것이 우선이지만, 교과서 구석구석에 놓여 있는 보충자료, 심화자료, 학습활동 내용들을 확인하는 방법을 추천한다. 교과서에서 언급되었던 부분들은 친숙한 주제들이 많기 때문에 소논문에 접근할 때 많은 도움을 줄 것이다.

진로와 관련 있는 키워드 찾기

소논문을 작성할 때 순수한 학문탐구와 연구를 목적으로 한다 해도 주제를 찾을 때에는 일관성이 필요하다. 연구주제가 방대해서 집중이 안 된다면 연구의 핵심을 잃게 된다. 그렇기 때문에 고등학생이 소논문을 작성할 때는 커다란 하나의 줄기를 잡아야 한다. 학생기록부에 기재될 수 있는 소논문이라면 진로적합성이 있어야 제 역할을 할 수 있다.

첫째, 자신의 전공 및 진로가 확실해야 한다. 하나의 카테고리에서 말할 수 있는 진로에 대한 주제어의 설정이 필요하다. 자신의 진로가 정확하면 할수록 주제를 모색하는 데 수월함은 매우 클 것이다.

둘째, 자신의 진로와 직결되는 키워드를 준비한다. 이를 위해 추상적으로만 생각하던 진로를 구체적으로 탐색하는 과정이 선행되어야 한다. 진로와의 적합성을 기준으로 한다면 자신이 미래에 할 일에 대한 중심적인 범위는 파악하고 있어야 한다. 이러한 사전 탐색 과정을 거친다면 해당 진로에 대해 현실적으로 접근 가능한 긍정적인 효과도 기대할 수 있다.

셋째, 지도 교사의 조언에 귀를 기울여야 한다. 아직 펼쳐지지 않은 진로의 세계이므로 많은 정보를 검색해도 연구주제로서 적합한지를 스스로 판단하기에는 역부족이다. 그래서 이를 지도해 줄 수 있는 교사의 방향 제시가 필수적이다. 진로와 적합하더라도 해결 불가능한 연구주제라면 연구의 범위를 많이 벗어나는 위험에 노출될 수 있다.

전인적 트렌드 읽기

교과 내용을 참고하여 연구주제에 접근했다면 전체적인 흐름은 트렌드를 나타낼 수 있어야 한다. 교과 내용을 바탕으로 상투적인 연구주제를 선정한다면 자료를 모아서 정리하는 수준에 그치고 만다. 연구주제를 정했다면 주제에 대한 흐름을 파악하는 것이 소논문을 참신하게 표현하는 데 기여할 수 있다. 그렇기 때문에 그 트렌드를 읽는 방법에 익숙해져야 한다.

첫째, 인지적 측면에서 트렌드를 읽어야 한다. 최근에 일어나는 사회적인 현상이나 흐름을 읽고 파악하는 것이 선행과제이기도 하다.

원론적인 연구주제보다는 현재의 실상을 드러낼 수 있는 연구주제가 좋다. 또한, 연구주제를 1차적으로 선정한 후에는 탐구내용이 평가하는 사람에게 메시지를 줄 수 있는가에 핵심을 두어야 한다.

둘째, 정의적 측면에서 트렌드를 읽어야 한다. 단순한 지식 전달이 아닌 사람의 마음을 움직일 수 있는 연구주제를 선정하는 것이다. 흔하디흔한 교과로부터 착안한 연구주제에서 놀라운 발상의 전환을 유도할 수 있도록 트렌드를 읽는 것이다. 과거와 현재를 잇는 통시적 연구라던지, 같은 시대의 다른 공간을 탐구하는 공시적 연구가 되도록 하는 것이다.

셋째, 실천적 측면에서 트렌드를 읽어야 한다. 사회적 붐이 일어나는 현상과 이슈화될 수 있는 사건을 중심으로 트렌드를 읽는 것이다. 그래서 사람의 마음을 움직이고 행동의 변화도 유도할 수 있어야 한다. 어떤 메시지를 줄 수 있는 연구주제라면 실천과 동참을 이끌줄 아는 소논문이 좋은 소논문이다.

연구 동기 : 동기 분석은 곧 소논문의 큰 그림

선행 연구 파악하기

논문을 작성할 때 유의할 점 중의 하나가 기존의 연구와 겹치지 않게 선행 연구를 파악하는 것이다. 같은 주제, 같은 소주제, 같은 관점으로 연구를 하면 선행 연구자에 대한 예의도 아닐 뿐더러 스스로의 연구실적에도 부정적인 영향을 미친다. 소논문도 일반적인 논문과 같다. 반드시 선행 연구에 대한 파악이 이뤄져야 한다.

첫째, 학술정보 검색 프로그램을 통해 선행 연구 논문들의 리스트를 확보해야 한다. '학술연구정보서비스 www.riss.kr'는 일반적으로 사용되는 학술정보 사이트로서 많은 연구생들이 연구목적으로 사용하는 곳이다. 이곳에서 자신의 연구주제어를 검색하면 아마도 많은 연구 자료들이 나올 것이다. 모든 연구 자료들을 읽고 알아보는 것이 정석이지만 모든 논문을 읽기에는 물리적, 시간적 어려움이 따른다. 대신 최근에 먼저 이뤄졌던 논문의 제목에 집중하여 주제어를 파악한다. 모든 연구 내용의 집약적 결정체는 제목이기 때문이다.

둘째, 수험생 자신의 연구주제어를 검색어로 설정하여 원문정보 서비스에서 검색을 한다. 자신의 연구주제가 이미 연구되어 있을 가능성이 크다. 그러나 어떤 점을 어떻게 접근했는가에 대한 관점은 매우 다양하다. 때문에 연구주제어에 대한 다른 연구 논문의 자료 확보가 꼭 필요하다.

셋째, 연구주제와 관련이 있다고 예상되는 학술 논문의 초록과 목차를 검색한다. 초록과 목차는 논문의 전반적인 흐름을 보여주는 구성요소이다. 많은 분량의 논문을 모두 읽고 정리하지 않아도 큰 흐름들을 통해 선행 연구의 내용을 파악할 수 있다. 내용을 직접 확인하고 정리하는 방법 다음으로 많이 쓰이는 수단이다.

연구의 필요성 말하기

소논문의 연구주제, 연구 동기와 함께 서론에서 밝혀야 할 것은 연구의 필요성이다. 연구의 필요성이라 함은 왜 연구주제에 접근했는지, 탐구하고자 하는 목적은 무엇인지를 밝히는 내용이다. 연구 동기와 비슷한 영역으로 간주되기도 하지만, 연구의 목적을 분명히 밝혀주는 기능을 한다.

연구 가설 설정하기

소논문을 시작하면서 주제를 정하고 그 절차를 거치는 과정이 매우 힘들었을 것이다. 연구 가설을 설정하는 일도 만만치 않다. 수험생 스스로 만든 문제 상황을 어떻게 해결하고 증명할 것인가가 중요하기 때문이다. 연구 가설을 세우고 가설에 대한 해결 및 증명은 필수적인 과정이다. 연구 가설을 설정한다는 것은 연구주제가 체계적인 분석을 통해 증명되는 방향으로 이루어진다.

자료 수집 및 분석 : 주제에 맞는 수집 방법

자료의 형태

소논문을 위한 연구에서 자료는 보석과 같은 존재이다. 구체적으로 입증할 만한 자료가 없다면 연구주제와 연구 가설은 허황된 이야기로 끝나버릴 뿐이다. 이를 입증할 수 있는 힘을 가진 것이 자료이다. 자료의 종류와 접근하는 방법은 다양하기 때문에 자료가 부족하여 연구의 결과에 이르지 못하는 경우는 거의 없을 것이다.

첫째, 온라인 공동목록시스템을 적극적으로 활용한다. 국립중앙도서관, 국회도서관, 대학도서관 연합 등이 이에 속한다. 각각의 도서관은 소장 자료를 목록화, 전산화하여 홈페이지에서도 이용할 수 있도록 서비스를 구축해놓았다. 직접 찾아가지 않아도 도서관에 원하는 정보가 어디에 있는지에 대해 알려주는 방법이다.

둘째, 원문정보서비스를 활용한다. DBpia와 KISS는 대표적인 원문정보서비스이다. 이와 같은 시스템은 온라인 공동목록시스템을 통해 직접 찾아가는 번거로움을 줄일 수 있다. 여러 학술대회에 참여했던 학술자료를 원문으로 구축하여 연구자가 시간을 많이 절약하고 효율적으로 계획할 수 있도록 해준다.

셋째, 단행본, 사전, 간행물은 해당 연구의 흐름을 도와줄 수 있다. 단행본은 연구주제에 대한 개론과 각론을 접할 수 있어 유용하다. 사전은 전문화되어 있는 영역별 사전을 이용하는 것이 바람직하다. 연속간행물은 최근에 연구주제가 어떻게 이뤄지는가에 대해 최신 트렌드를 보여준다. 이처럼 다양한 자료의 접근은 연구 내용을 좀 더 알차게 만들어 줄 것이다.

자료 수집 방법

소논문에서 다뤄지는 연구주제와 자료의 형태는 다양하다. 자료의 형태만큼 자료를 찾는 경로 또한 다채롭다. 이러한 자료를 어떻게 연구주제에 맞게 녹아내릴지는 매우 중요하다. 가설을 입증할 수 있는 계기가 되기 때문이다. 자료의 형태에 맞게 수집하는 방법도 적절해야 할 것이다.

첫째, 설문지법이 대표적인 방법이다. 연구주제와 관련된 설문지를 작성하고 대상자들에게 배부하여 직접 쓰게끔 하는 방법이다. 비용이 적게 들고 신속하게 자료를 얻을 수 있다. 그러나 대상자들의 답변이 정확하지 않고 설문지 작성에 성의 없이 응했다면 자료의 타당성 및 신뢰성을 고심해야 할 것이다.

둘째, 연구자와 대상자가 직접 대면하는 면접법이 있다. 주제에 적합한 정보를 얻을 수 있는 장점이 있다. 반면 연구주제에 알맞은 대상자를 찾기가 힘든 것이 단점이다. 개인과의 대면이기 때문에 대상자의 주관이 상당히 개입될 우려가 있다.

셋째, 기존 연구 결과를 포함한 다른 여러 자료를 수집하고 분석하는 문헌 연구법이다. 이것은 선행 연구에 대한 사전 파악을 하기 때문에 연구자가 정해 놓은 주제에 빠르게 접근할 수 있다. 그러나 기존 연구의 신뢰성이 확보가 되어야 한다는 점을 주의한다.

연구 방법 : 적극적으로 논문에 임하는 길

양적 연구 방법

양적 연구는 추상적인 개념을 수량화하는 자료를 수집하고 분석한 후에 통계로 제시하는 방법이다. 대부분 내용들 간의 관계를 탐구하기 위해 통계치, 측정 등에 의존한다. 일반적으로 막대그래프, 원그래프 등의 통계 프로그램을 이용한다. 많은 양의 자료가 필요하기 때문에 사전에 자료 수집을 위한 계획을 세워 이행한다. 연구를 진행하는 속도에 도움을 줄 수 있을 것이다. 하지만 수량화하기 힘든 영역의 주제는 다루기 어렵고 깊이 있는 접근이 난해하다. 이 방법은 자연과학, 언어학, 심리학 정치학, 행정학, 교육학, 지리학 등의 영역에 적합하다.

질적 연구 방법

질적 연구는 면접, 관찰, 대화 등을 통해 현상의 의미를 모색하고 분석하는 방식으로 진행된다. 인간 행동에 대한 깊은 이해를 해야 하기 때문에 연구자의 주관이 개입될 가능성이 크다는 것이 단점이다. 수량화, 체계화된 연구결과보다는 문학, 철학, 역사학 등에 적합한 연구 방법이다.

연구 과정 : 치밀하게 벽돌 쌓는 마음으로

서론 작성하기

연구주제를 정하고 목차를 작성하고 나면 서론의 첫 글자를 쓸 때가 가장 떨리는 순간이라고 학생들은 언급한다. 그만큼 처음에 글을 시작하는 일이 조심스럽고 난해하다. 서론에는 연구 목적, 연구 동기, 연구 방법, 연구 범위 등을 간략히 서술한다. 첫 시작이 유연해지려면 지켜야 할 사항들이 있다.

첫째, 연구의 목적은 현실적으로 실현 가능한 내용이어야 한다. 본론의 첫인상을 강렬하게 남기고자 서론에서만 잔뜩 공을 들이는 경우가 많은데 문제 해결 과정만 더디게 진행될 것이다. 제일 중요한 것은 스스로 만든 주제에 스스로 그 답을 찾아가는 탐구 과정이므로 본론의 실질적인 내용에 중점을 둔다.

둘째, 연구 방법을 소개할 때에는 독자로 하여금 생소하지 않고 자세하게 서술해야 한다. 주제에 적합한 연구 방법을 사용하는 이유를 설명할 때에도 구체적인 언급을 해야 독자는 이해를 할 수 있다. 또한 연구 범위를 명확하고 구체적으로 설정함으로써 혹시나 생길 수 있는 연구의 오류를 보호할 수 있다.

셋째, 핵심이 되는 연구들만 요약적으로 언급한다. 2~3개 정도의 키워드만을 가지고 알릴 수 있는 문장을 작성해야 한다. 선행 연구를 장황하게 소개하다 보면 본래 연구주제와 멀어지는 경우가 빈번하기 때문에 유의하도록 한다.

본론 작성하기

본론은 연구의 중심이자 연구 대상에 대한 구체적인 입증과 분석이 표면적으로 드러나는 부분이다. 그래서 충분한 자료를 바탕으로 논제를 입증하여 그 가치와 논리를 분명하게 해야 한다. 본론을 서술할 때는 유의할 점이 있다.

첫째, 연구 방법의 부분에서는 연구 방법을 설정한 이유와 타당성을 제시해야 한다. 어떤 사람이라도 읽고 이해할 수 있을 정도의 구체성이 수반되어야 한다. 소논문을 읽는 사람이 마치 연구 방법에 참여한 것처럼 느낄 수 있어야 한다.

둘째, 연구 결과는 주장하는 결론을 정당화하는 부분이다. 그래서 연구 자료를 기반으로 하는 연구 방법을 진행하여야 한다. 이때 유의할 점은 수집한 자료들에 대한 주관적인 해석보다는 그래프, 그림 등을 이용하여 객관적인 근거를 제시하여 그 타당성을 입증하는 것

이다. 제시된 자료들은 해석하고 의미를 찾는 과정을 거치면서 결론
을 뒷받침하는 근거들이 되어야 한다.

결론 작성하기

결론은 본론에서 다루어졌던 연구 결과를 요약하고 정리한다. 연
구주제를 다시 한 번 강조하고 의미를 되새긴다. 연구자 자신이 탐
구하였던 영역을 종합적으로 제시함으로써 연구의 타당성을 강조한
다. 또한, 연구에서 미흡했던 점, 더 연구하고 싶은 부분에 대한 언
급, 다음 연구에 대한 개방적 가능성 등을 함께 제시한다.

참고문헌

참고문헌은 연구의 본문의 마지막에 적고, 인용순서에 맞게 표기
를 해야 한다.

첫째, 단행본은 저자명(출판연도), 서명(판차), 출판사명 순으로
참고문헌을 적는다.

둘째, 학술지는 저자명(발간연도), 논문명, 학술지명, 권수(호수),
쪽수 순으로 참고문헌을 적는다.

셋째, 학위 논문은 서사(수여인도), 논문명, 학위명, 수여 기관명
순으로 참고문헌을 적는다.